用心、就能邁向巔峰

匯集心思維，組織心出路

林麗婷 著

目錄

推薦序

作者序

第一章　以積極的心，開創事業格局

第二章　以真摯的心，建立顧客信心

第三章　以謙虛的心，打造專業服務

第四章　以利他的心，在招募中快速獲得認同

第五章　以專業的心，在競爭中快速蓬勃發展

第六章　以同理的心，掌握節奏發展組織

第七章　以感恩的心，在產業中快速創造文化

推薦序

凡事用心才能找到成功的著力點

梁櫰之

・人性銷售、領導專家
・著作：成交在見客戶之前
・著作：為什麼你的團隊不給力
・粉絲團：jackiemotivation

我看過的業務主管有兩種，一種是空降部隊，也就是直接被公司晉升為業務主管，然後調派去帶一個單位或小團隊；另一種是憑藉著自己的實力慢慢晉升到業務主管的職位。而麗婷總監就是那種靠著扎實銷售與增員的功夫、靠著自己一步一腳印，在短短的三年半時間打破多項紀錄，晉升為一位名利雙收的處總監。

麗婷總監是我相當要好的朋友，我與各位分享麗婷總監是一位實戰派的主管，是因為總監的人生路上，並不是如你現在看到的一直都光鮮亮麗。在她現在成功的背後，是非常多的辛酸、辛苦與努力才爭取來的。例如她在16歲就獨自離鄉背井到台中發展，沒有任何後援；例如她獨自一人撫養女兒，必須母兼父職，每天都早出晚歸；例如她在進壽險之前，因金融風暴而陷入財務危機而幾乎走投無路、差點要帶著女兒睡路邊。她的起步比很多人都還要「低」，但是她的成就卻因為自身的努力不懈，而跳得比別人都還高。為什麼一個經歷人生諸多苦難的人，最後能夠在壽險業發光發熱，就是麗婷總監在這本書要與各位分享的「用心」故事。

我們從第一章到第三章，可以很清楚從總監身上學到頂尖的銷售，就是你必須用「積極、真誠、謙虛」的心，才能從相信自己的價值、強化成就的動機、積極有目標的行動開始，為開創事業立下一個不敗的起點。然後認同你所銷售的產品、公司，並且從對方的觀念著手，取得信任，幫助客戶思考。只要客戶想通了，自然就會做購買的選擇。然後，將自己創造成一個可被信任且容易親近的專業人士，學習的更多才能讓客戶感覺到你的價值。最後，為自己找到一個「良師益友」，這絕不是一件簡單的事，一個站在高峰上的人還能夠不自大，虛心地尋找良師益友，這不是每一個人都做得到的，也難怪總監能夠爬升的如此之快。總結這三章的內容，就是總監與我們分享要邁向成功銷售必須用心的原點。

第四章到第六章，就是以「利他的心、專業的心以及同理心」來帶領團隊，邁向雙贏的關鍵成功因素。招募是銷售的延續，因為單打獨鬥的力量一定不夠大，發展組織才能將事業扎根。總監告訴我們，如果你以老闆的心態來經營壽險事業，那在一開始的時候，目標與格局就必須放大，必須要設定「一定要發展組織」的信念。而利他的心，就是你在發展組織前必須建立好的心態，因為唯有先建立雙贏的思維，才能創造雙贏的局面。那如何幫助屬員在眾多競爭中取得優勢？就是在第五章與第六章，麗婷總監要與我們分享的創造學習型組織以及運用同理心。我們從自我學習、激發自我潛力著手，然後就很容易感染整個團隊，帶領他們一起學習，並朝著我們想要的目標前進。所以優秀的領導者懂得用自我精進、精益求精的行動，帶領著部隊前進。而同時領導者必須要有「同理心」，也就是必須把同仁當成能夠一起創造雙贏的事業夥伴，視同仁為己身，才能夠帶人帶心。當你能夠帶人帶心時，組織團隊才擁有向心力，才能成為一支戰無不勝、無所不能的勝利團隊。

最後一章是貫穿整本書的靈魂，就是以「感恩的心」來看待一切。認識麗婷總監的人都覺得，她就像是一位在壽險業界的神力女超人，但絕不是因為總監擁有超能力，而是因為她總是用「感恩的心」來對待每一件事，因為思維改變了，行為就會改變，最後結果也會跟著改變。

非常感謝總監可以將她深厚的功力以及實務的細節，都鉅細彌遺地在這本書中與我們分享，無論你是職場上的老手，還是剛入行的新手，細細品嚐研讀此書，相信一定可以帶給你深遠且正面的收穫與影響。

推薦序

跨界超級贏家

黃世芳

・二〇二一年亞洲年度最佳保險機構負責人
・經濟與管理學作家
・著作：資本主義的罪惡咖啡館

同在大型金控壽險公司，一路看著本書作者麗婷總監從花店老闆與法拍屋投資人跨界轉進完全陌生的保險業，選擇以保險業作為其人生職涯中場的起跑點，過程中歷練了基層業務、績優業務主管，也在極短的三年時間內從基層業務主管晉升到公司最高職級的處總監。

2021年作者更榮膺MDRT美國百萬圓桌年會的講師，許多保險業從業人員終其一生難以企及的成就，麗婷總監卻在短短幾年出人意表地達成。除了自身的傲人成就之外，謙虛且不藏私地巡迴全省各區部與單位分享其成功經驗、傳達其卓越的銷售與組織發展經驗。在保險業短短數年從起步到頂尖，作者成功的心法相信也是所有業界有志之士希望一窺究竟的。

本書作者的精采歷練，除了作為每一位現代年輕人職業生涯的標竿，更適合已經在其他產業領域工作過一段時間的朋友參考。知識經濟時代已悄然來臨，在疫情的推波助瀾下，線上工作已成為不可忽視的工作模式之一。而專業的保險顧問，正是知識經濟時代線上工作者的代表之一，不管是面對「嬰兒潮世代」的中高齡族群或是千禧年出生的年輕「網路世代」，身為專業的保險顧問，除了本身專業外，不管是面對面或是線上，更需要有能力與社會上各種不同年齡階層與不同財富階層的民眾溝通，提供其人生重大財務規劃的諮商服務。

在產業與就業板塊正進行大幅度變化的時代，每一位職場工作者或是自營商老闆們，都需要好好思考知識經濟時代的自身工作應變能力。作者以自身成功經驗，從傳統產業自營商（花店老闆）跨界保險專業顧問，並在一個龐大的金控壽險公司平台中展露頭角且成為頂尖，在在都鼓勵著每一位對現階段工作徬徨不定的朋友們勇於跨出舒適圈。

麗婷總監在本書中娓娓道來其樸實無華的成功心法，積極、真摯、謙虛、利他、專業、同理、感恩。不間斷地身體力行雕琢自我，逐漸雕琢成為保險業一顆熠熠發光的鑽石。

在知識經濟時代，需要的並不一定是更多的新科技，科技永遠只是工具，麗婷總監待人以利他為本，律己以自制為要。回歸人性之善、最終天道酬勤，成就屬於自己人生的另一座高峰。

推薦序

離開生命的舒適圈，擁有夢想的入場券！

郭茵娜
・星際聯盟療癒師協會

「除掉睡眠，人的一輩子只有一萬多天。人與人的不同在於：你是真的活了一萬多天，還是僅僅生活了一天，卻重複了一萬多次。」

著名詩人費爾南多・佩索亞的這段經典名言，正好詮釋了麗婷總監與眾不同的人生。她勇於迎向挑戰，從花藝設計跨界保險事業，因此，每一天都過得相當精彩！由於麗婷總監的認真與堅持，有了今日的一番成就，但是她並不以此自滿，依然思忖著有什麼更大的可能性？於是，她更積極突破自己，並帶領身邊的人找到人生的意義，成為生命的領袖，而不只是個跟隨者。

麗婷總監每次在分享人生經驗時，總是特別認真，可以感受到她真的用自己的愛與熱力，去鼓勵更多人打破人生的循環，發掘自己的無限可能。

從麗婷總監的身上我們可以看到，成功的領袖都是不斷提升自己，才能將團隊帶往更高格局，因此，學習是每位領袖提升能量、拓展影響力的最佳途徑！在AI科技日新月異的時代，我們首先要學習培養的就是「心靈」實力，因為智慧來自於人類，而心的力量，是人類源源不絕的能量來源。當我們不再順著命運的洪流推移，帶著正能量去轉動生命的軌跡，自然創造出全新的世界。

每一刻我們都受到這個世界無私的奉獻，當自己也加入奉獻的行列，漸漸就吸引更多人來成就，如同春天來了，生機自然盎然。邀請各位讀者，透過麗婷總監在本書中所分享的人生智慧，一起來擴大自己的影響力，打開人生的無限寬廣。

推薦序

成功非終點，而是不間斷的旅程

張世輝

．華人第一位催眠式銷售教練
威力行銷研習會創辦人

從威力行銷研習會創辦至今，有不少優秀的學員認真將所學所思運用在正確地幫助顧客得其所欲，而不只是將銷售當成一份糊口的工作；學習如何透過行為科學與系統結構助人，因為，你要幫人，他（她）卻不一定需要，尤其推銷，除了商品專業外，要有嚇死人的高產值，自然必須講究正確有效幫助顧客的流程與策略，傳統一味的推銷，一如單戀，徒增情傷，暗戀對象還不把你（妳）當回事兒，氣人的是，他（她）還琵琶別抱，壓根兒不是你的，像極了一廂情願的業務員，對產品瞭若指掌、信心十足，對顧客則沒那麼有把握了！

麗婷此書匯集了從實務累積而來的寶貴經驗，整合各項專業學術與大師智慧，將自己從業務菜鳥，一路披荊斬棘、篳路藍縷，行至人人稱羨的業務高手，以及一路提攜後進所做的努力詳實記載，讓人讀來處處深思；對照當今各行業推銷人員之實況，是「學習」「思考」「實踐」埋下了作者之所以為顧客信賴與託付的依據，而於業務上的「以身作則」則為團隊夥伴樹立典範。

若你還在人生道路上不知該如何選擇要投入的領域，又或，你已經是一位業內銷售人員、銷售領導人，此書讀來，頗有振聾發聵之悟，值得細品，方得箇中滋味！

樂為序文薦之

作者序

整合、借力、學習、改變

林麗婷

我們都想要改變人生，讓人生可以變得更好。所以我們都知道，最先必須由思維開始改變，思維改變態度才會跟著變，然後影響我們的行為，最終產生結果。除了改變思維之外，同時必須強化自我的信念，因為由信念加持的行動才能確保持之以恆，最後再強化自我的抗壓能力，這樣就幾乎可以促成任何的改變，這才是真正的強大。

所以時代在變，科技、方法也不斷地更新，我們的思維也必須跟著改變。常聽說一句話：要改變口袋之前，必須先改變我們的腦袋。我們必須學會運用多角度的判斷，運用更多視野看待我們面對的問題，然後快速改變，找出能夠解決問題的方法。這樣的工作思維不僅代表一種時尚的工作態度，更代表著一種新銳的世界大眼光，思維特質。這就是我出這本書的用意，分享我過去的工作思維、態度以及信念，希望幫助想要在壽險業發光發熱的人，找到一個思維的「心」出路。

過去高學歷代表高就業率，高底薪的時代似乎慢慢的走遠了。社會為了成長一直不斷在淘汰不能適應環境的人，但是永遠不會淘汰有學習力、懂得感恩、願意改變的人。所以我常說：我們不可能用相同的、人力、時間、設備、產出翻倍的產值，因為走舊路永遠到不了新的目的地！未來拉開我們人與人的差距會在哪裡？差在你能否學習到，如何～用正面積極的態度不間斷的學習，來看待危機帶來的挑戰。

希望把我人生的實務經驗、認知、同理心、換位思考、及對生命的價值、透過這本著作的內容影響更多人，幫助更多的人得其所欲、讓更多人在壽險專業領域上，得到他們想要得到的。

最後，我要將本書獻給，願意相信我的客戶，還有願意跟隨我、跟我一起打拼的「中勤團隊」伙伴們，因為有你們的支持與相信、全力以赴，團隊才能締造輝煌的成績，改變我們的人生。也因為有你們，才能讓我變得更好！

第一章

以積極的心，開創事業格局

1 強烈動機，定下成功目標

你擁有的是一份「工作」還是「事業」？

談到「事業」與「工作」的差別，很多人定義為老闆與員工心態之間的差距，然而，「事業」並不是成為老闆之後才能擁有，而是當你願意把從事的領域視為願景，付出熱情積極的與別人分享時，生命自然發光，這時候，工作才可能成為你的事業。因此，我們的「工作」將來是否成為一份事業，這個決定權其實早早是握在自己手上。

當我們開始夢想擁有一份「事業」時，最重要的是必須清晰的在目標中設定一條可行的道路，下定決心採取行動去達成目標，那麼事業藍圖終有實現成真的一天。

同工不同酬的職場生態

在各行各業中「努力」是基本功，但是「努力」是否與產生報酬劃上等號？這一切就取決於每個人智慧的抉擇，當選擇努力環境的不同，答案自然就大大不同了！

我開設花店二十多年，一直以為會在花藝世界裡直到退休，由於全球金融風暴時，投資失利碰上財務危機，因此在保險業服務的姊姊問我是否有興趣加入，而這個邀約從此開啟了我另一扇門。雖然姊姊從事保險多年，但是我並沒有詳細了解過這個領域，更沒想到有一天會參與，於是姊姊帶著我到她們單位，讓我參加第一次的早會。

當我帶著好奇心坐在單位會議室時，我發現了一個奇特的現象，那天剛好是中秋節的前夕，會議室裡堆積如山贈品，很快的每個人都從經理手上拿到自己的禮品，臉上都洋溢著笑容。但令我好奇百思不解的是，為什麼同一間辦公室，有的人收到的是厚重的毯子，而有的人拿到的卻是薄薄的毛巾？於是便詢問處長，處長告訴我：「正式員工拿的是毯子，兼職人員拿的是毛巾，又因為職等的不同，所以領取的禮品又會有所不同。」

聽到這個答案，我不禁在思考，如果是我想領什麼呢？

浮現腦海的答案就是想領毯子！

於是我主動開口問處長：「要怎麼做才能夠轉為公司的正式員工？」

「只要你達到公司所要求的基本業績責任額，還有保險人的件數，就可以轉為正式人員。」處長說明：「對了，還可以享有職工團體的福利喔！」

原來不只禮品，就連福利也不一樣！

這讓我不禁思考為什麼花同樣的時間在同樣工作上，只因為職等的不同，就有不同的回報？其實原因很簡單，雖然做的工作內容大致相同，但每個人肩負的責任不同，而福利都將會以某種形式回流到付出較多的人身上。例如，正式員工雖然享有福利，但是公司規範是要遵守出勤的，而兼職人員則不受這個規範要求。

想與眾不同就必須選擇承擔責任、挺身面對，這是我學到的第一件事，讓我一開始，就仔細的研究公司相關制度，藉由公司的資源，積極提升自己的視野與思維，來發展個人的事業。所以儘管當時我還只是新人，主管沒有特別期待我能創造多傑出的產能，在此情況下，我還是積極的鎖定目標，升等為正職人員。

別讓努力只是美麗的誤會

當我從兼職人員升為正職人員時，隨之而來的看到每一個職級的達成津貼不同，我再度對「同工不同酬」這件事有了更深入的看法。付出同樣的時間，所得到的收穫卻不一樣，這讓我腦中思考更不一樣的做法，為什麼不在一開始的時候，就讓自己的努力最具效益化？因此，如何讓努力真正充分發揮價值？我認為透過清楚的動機，而不是盲目的追尋，才能激發出你的熱情、願景使命及行動計畫，這是非常重要的關鍵。

一個人一旦少了「清楚的動機」，就缺乏「行動的動力」，於是，面對工作開始變得有氣無力、不再充滿希望。如果你不知道自己身在何方，又怎麼知道你接下來要往何處去？「清楚的動機」就是讓目標有清晰的定位，才能全力以赴往下一個目標勇往前進，獲得成功。繁忙的業務工作每天有做不完的事，處理不完的反對問題，很容易讓人迷思、但只要充分了解這一點，並將這個精神融入於業務工作當中，就能讓自己付出的時間發揮真正的價值。

「我想要增加收入！」「我想要改變工作型態！」不管我們動機為何，這些話的背後隱含的是「我一定要更加努力！」然而，「清楚的動機」並不是指為人世故或是野心勃勃，人是有夢想、有格局的，所以不論你是從事任何的工作，良善的動機是很重要的，也就是說，在這個動機裡要包含如何幫助更多得到他想得到的，如此才能引爆強烈的慾望去努力實現它，才會更快、更好地邁向人生另一個新的台階。

動機的強度決定了工作的熱度，而動機本身也是達到理想生活的動力。想要達到目標走得更高更遠，就必須有足夠強烈的動機支持我們走到終點。在我們確定好動機已足夠燃燒工作動力之後，接下來就是必須要明確知道自己不要的是什麼。

「知道自己要什麼難道不夠嗎？」

為什麼還要知道自己不要什麼？就因為負重前行是沒有辦法走得長走得遠的，在打造事業的路途上，要帶著有助於成長的方法與有益於工作的策略前進，而非把時間與精力耗費在無用與不要的事物上。因此，要成長、要進步就要先明確知道哪些是自己不要的，包括實際的物品、行為、思想、習慣、價值觀以及刻板認知，例如對於保險業，我們有很多根深蒂固的執念，有些已經不合時宜或者有些甚至會產生反效果，像是有人會因為保險的法規變革而降低銷售的意願……等等。

在明確我們想要達成的目標為何之後，我們要仔細確認目標跟動機之間是達到平衡的狀態。舉例來說，當我們發現進入保險業的動機只是想要成為正職人員，但是卻將目的設定為參加壽險理財專業人士的最高組織——百萬圓桌會議（MDRT，Million Dollar Round Table）的超級業務，那麼往往很難達到成效，因為這樣是一種明顯的動機與目的之間的強烈失衡。

成功關鍵：現在，就請大家思考一下：

1. 為什麼自己想要進入保險業？
2. 進入保險業我可以變成怎樣的自己？
3. 我不想要什麼樣的工作模式？
4. 為什麼我不想要這樣的工作模式？
5. 我要做什麼「具體可實現的」行為，消除我不想要的工作模式或結果？

勇於跨界建立卓越的保險事業

暢銷書《有錢人想法跟你不一樣》作者曾經說過一句：「做一件事的原因越強烈，找到做好那件事的方法就越容易。」

很多工作看起來好像很困難，例如「簡單的開口」有些業務員在剛開始從事保險時，排斥在認識的親友面前分享保險觀念，害怕一旦被拒絕了連親戚朋友都沒得做了，當然連認識的人開口問問的意願都沒有，更別提站在十字街口向陌生人開口談保險了，這種觀念如果沒有改變，就完全得不到成交的可能性。

我的經驗比較特別，從花店業跨行到保險業，一開始也是遇到很多挑戰，尤其我的姊姊也在保險業，大部份的親戚都已經購買「不買的也不會因為我做保險就願意購買」，所以我先從自己的人脈資源，找花店的一些客戶開始介紹產品。起初也是很擔心面對客戶的質疑、不信任，然而我嘗試用淺顯易懂的方式讓顧客了解產品，平時更花時間增加金融產品的知識，透過不斷地與顧客接觸，嘗試越多次，我發現能讓我輕鬆面對客戶的方法就越多元。漸漸摸索一套自己的銷售方法。

所以每當有人問：「請問我該怎麼達成業績？」「請問我怎麼樣才能增到人？」我不會急著指引方法，我知道即便說了幫助也不大，倒是會反問對方一個問題：「你為什麼想做保險」「保險的意義功能對你的重要性」「晉升對你的意義」「成交對你的感受」因為知道動機才知道在遇到挫折的時候，用什麼方法來延續自己的工作熱情；因為知道自己的動機，才能夠根據想要的目標找到適當的最佳策略。下列就分享三大關鍵：

一、形塑有意義的目標：

有意義的目標可以釐清產業的真實動態，還可以解答人們心中「為什麼要這麼做」的困惑，其中最關鍵的是能夠鼓舞小至個人大至團體的士氣，發揮最大的生產力和創造力。而形塑有意義的目標，可以受一個動作或是一句話啟發，如同我看到辦公室的禮品差異，讓我明白努力的真正價值。

對我而言，在保險業的目標就不只是單純的每個月業績達標，甚至是克服在這一行的各種挑戰，躋身為 MDRT 的會員之一。會員並不是想參加就可以參加那麼簡單，而是業績要達到一定的標準，更重要的是訴求全人理念，心態要正確以協助更多客戶得其所欲。

二、可預見的未來圖像：

描繪個人、團隊以至於組織未來成功的形貌必須具體，呈現出讓每個人可以明確感受到的畫面，而且聚焦放在想要達到的最終成果上。若是目的不夠明確，就無法擬定出具體的下一步，而會流於完成短期目標而已。

具體來說，在達成以保險救助人的目標時，我內心描繪出來的未來圖像是「建立自己的專業力，讓更多的人受到幫助」。因此，儘管成為正職人員所承受的壓力與兼職人員不同，但當目標不一樣，心態就會不一樣，做的事也就會跟著不一樣。

三、清楚的價值觀：

在進入保險業前，我自己創業開花店，逢年過節就是最繁忙的時候，當時手綁花束的利潤很小，只能採取薄利多銷的方式，所以我抱持著只要多綁一束，就多賺一束的心態，每天在花海裡周旋。但是我做了一件醫療險，連同底薪、財務補貼、達成津貼等加起來的金額，竟然比那些花束所賺得的利潤還要高，我開始思考為什麼會有這樣的差異？我發現當我能提供最大的價值，也就獲得最高的回饋。

不論是個人、團隊以至於組織要實踐目標時，選擇要「使用什麼方法」和「如何達成」是必定會面臨的狀況。因此，個人、團隊以至於組織不只要對價值觀有明確認知，還必須能以清楚的方式表達出來並提供上述問題的解答，以便於知道自己的行為是否合乎想要達成的目標。

清楚的價值觀是對實踐目標的指南，因此，我的價值觀是「提供專業服務，結合人脈幫助需要幫助的人」。所以，當我們仔細思考自己的定位有什麼地方需要調整，就會慢慢察覺到自己定位之所以會不清晰，是來自於缺乏一個確切的目標和志向。

把自己定位為一個訓練有素的保險業務，只要憑著我們的工作技巧就可以得到溫飽。但是，我們如果想要讓自己的層次提升，真正發揮自己的專業，就必須把從事這一行的目標昇華成為使命，成為一個「真正幫助人的保險業務」，如此一來，我們能做的除了和客戶談保單之外，還可以創造更多事情回饋社會。

2 萬事始於「心動」，成於「行動」

在激烈的市場競爭中，一個不重視「行動力」和「效率」的企業，肯定不能成長茁壯；一個不重視「行動力」和「效率」的管理者，肯定不能站穩腳步。因此，在訂定目標之後，下一步就是「挑戰行動」，讓規劃目標不只是流於紙上談兵，而是可以依照步驟一一實現的夢想藍圖。

「行動力」是登上成功的階梯，「效率」則是登上頂峰的踏腳石。如果不立即行動，就算擁有最精實、最專業、最獨特的技巧，也無法完成目標。所以想要成功，就做一個敢於行動的人吧！體驗行動帶給生命的活力，使事情朝著有利於完成目標的方向發展。

「行動力」和「效率」是致勝關鍵

日本壽險銷售之神原一平：「對於積極奮鬥的人而言，天下沒有不可能的事。」

進入保險產業之後，我在短時間內不斷晉升，三年半內晉升為儲備處長，三年半晉升為處總監，在這期間內拿到多次的百萬圓桌會議（MDRT）。完成這些事情其實不難，公司的制度是公開透明的，並沒有因為誰而更改，但為什麼許多人覺得不容易達成？是因為沒有勇氣挑戰？不相信自己做得到？有人問我：「你成功的秘訣是什麼？」

我看過很多成功成名的業務人員，都有一個共同的習慣——「有效率的行動」，他們都會謹記自己每一天、每星期、每個月、每一年許下的承諾，咬緊目標，不喜歡把事情拖延到明天，習慣即刻處理。

如果在保險產業，目標只要訂定在領基本薪資或財務補貼，那麼你絕對看不到未來性及發展性，日後不是碰到挫折自我放棄，就是被市場慢慢淘汰。有許多主管遇到業務做事被動，行動力低落，傷透腦筋。我認為這些業務不是完全沒有意願行動，而是需要更多「推力與信心」，因為想要迎頭趕上時代的發展，就要意識到「行動力」和「效率」的重要性，在最大限度提高自己的速度。

螢火蟲在飛行時才會發光，人生也是如此，一旦我們停下來，生命立刻暗淡無光。

成功關鍵：如何增強「有效率的行動」？每天工作之前，問自己以下五個問題：

一、我為什麼還沒採取行動？

二、不行動有什麼好處？

三、持續不行動長期會有什麼壞處？

四、假如現在就行動，長期會有什麼好處？

五、我什麼時候要行動？怎麼改善？

克服拖延的關鍵

有位業務夥伴問我：「最近常吃客戶的閉門羹，幾個月下來，沒能做出業績，每天上班時，就像上山打老虎，不只沒動力還滿腹抗拒，心想反正都是拒絕，就不想繼續撥打電話開發準客戶，更不想聯繫客戶。長期如此覺得實在很痛苦。請問，你是怎樣克服拒絕，每天這麼有活力？」感覺一口氣把所有業務員會遇到的問題一次問完了！

處理這類問題，我只是笑笑回應對方「每天重複面對問題，不斷修正面對問題的方式」就這樣而已。

在競爭的市場中打拼了幾年，發現自己漸漸冷卻的熱情和當初設定的目標漸行漸遠，看著別人得獎、拿到「第一名」，麻木也不再覺得羨慕了，失去了剛入行奮發向上「好，還要更好」向事業巔峰攀登的企圖心。其實，工作沒有困難與容易之分，只要擁有「行動力」，那麼，很難的事情也會變得很簡單，反之，不行動，很容易的事情也會變得極度困難，但是人們總是有些惰性，為拖泥帶水、裹足不前找了諸多藉口。

國際拖延症研究專家根據統計數據，大約有 70% 的大學生存在學業拖延的狀況，正常成年人中也有多達 20% 的人每天出現拖延行為。凡事「拖拖拉拉」不只出現在生活中，更嚴重影響工作效率。例如，面對顧客的抱怨，不敢馬上接手處理；顧客要求你為他解決保單問題，總想等等再做。

因此，我告訴這位業務夥伴：「你坐在辦公室等天上掉下訂單給你嗎？這是癡心妄想的事，跨出這扇門到處走走，也總比在辦公桌前發呆有希望。」如果不想再背著沉重包袱、坐以待斃、只有一個作法，就是繼續行動、堅持到底。不是光只會坐在辦公室，等待客戶打電話來買保險的奇蹟發生，現在馬上行動，拿起電話開發客戶，走入人群做「陌生拜訪」，參加相關的活動和社團，或是學習更多的專業知識！無論你認為自己能做什麼，拖延不行動，成功就遙遙無期；行動起來，就有機會一步步邁向成功。以我自己為例，我最常關注的就是今天能完成什麼，再去檢討上週該完成的進度，最後再思考明天要進行的計畫。別忘了改變未來的思維、檢討相同的事不要再重複犯錯，讓今天的自己比昨天更進步。

有一次，公司安排我去演講，希望我一星期內交出大綱。當我接到這個消息，馬上開始思考，並在當天就找時間完成演講的綱要。對方接到我的綱要，驚喜萬分：「林處長！你真是名符其實啊！果然每一個成功人士都是在最短的時間採取最有效率的行動。」其實我是不想因為要做這份檔案，而影響我這個星期的業務節奏。

在保險的事業上更是如此，我只有一個信念，那就是絕不延遲客戶想要轉嫁風險，會馬上依需求做出規劃書，然後要求客戶即刻簽名生效。因為，成功者絕不拖延，拖延者絕不會成功！每一個人都是自己人生的「編劇」，站在人生的舞台上，大家的劇本各有各的精采，我們唯一要做的就是活出屬於自己最好的一面。所以，我們的夢想、我們的計畫、我們的目標，如果沒有在行動的基石上，一切就是海市蜃樓！

現在，就讓自己馬上行動起來吧！

3

「自制力」為成功帶來正能量

「心想事成」不是一句口號，在實現夢想的路上，總是有些阻礙前進的絆腳石，想要克服這些障礙，不能只靠嘴上說說而已，還必須要有「自制力」來協助戒除那些不必要的誘惑，如果抵擋不住誘惑，注定要和成功絕緣！

華人首富李嘉誠說：「自制是修身立志成大事者必須具備的能力和條件。」綜觀那些成功者，他們無不克服生活上面臨的各種課題才能有如此成就。無論在工作上或是生活中，來自四面八方的干擾誘惑有很多，所以必須要有堅強的「自制力」，才能確保在五光十色的環境中，自己的心理狀況和行為集中於目標方向。

忍住誘惑才有收獲

曾經有一位羅納德三世的貴族公爵，被他的弟弟推翻而關進牢房。他的弟弟擔心老百姓會閒言閒語，於是許諾羅納德三世，只要他能自己走出牢門，就讓他重獲自由，恢復爵位。然而，弟弟偷偷將牢房的門改小和改窄，並且每天派人送進山珍海味的美食給他，讓身寬體胖的羅納德三世，根本走不出牢門。可惜羅納德三世不是那種有「自制力」的人，他無法抵擋這些美食誘惑，結果不但沒有減肥，反而愈來愈肥了，結果一直無法走出那一個窄小的牢門。

一個缺乏「自制力」的人，抵制不住外在誘惑，就像被關在監獄中的囚犯，很難得到真正的自由。任何一個優秀的人士都明白：如果沒有「自制力」，抵制不住誘惑，就永遠不可能成功。

根據我的觀察，在開拓事業的道路上，最缺乏的不是企圖心，也不是專業知識或人脈關係，而是使自己的心態和行為時時可以確保在正確軌道上的「自制力」。沒有人「早上六點開始工作，晚上九點才歇息」而不覺得累的，沒有人覺得累得「腰酸背痛」是歡喜受的，沒有人覺得週末睡到「自然醒」是難受的……然而，為什麼這些成功人士堅信「吃得苦中苦，方為人上人」？

過去我在開花店時，每天一早就要預備花材，到了各種節慶時更是忙到三更半夜，為什麼要「自找苦吃」呢？原因顯而易見，因為我願意拿短期的「辛苦」來換得更長久的「快樂」。一想到將來還要過貧困生活跟現在的辛苦相比，現在遇到的挫折就顯得微不足道。

當時開花店養成的習慣，讓我在做保險業務工作時，達成了每半年就能晉升的原因。由於擁有自制力，每天晚上我會訂定第二天的工作任務，並做好行動計劃表，第二天確實執行，由於嚴格督促自己按時、按量完成任務，效果自然就會很好，公司訂定的任務幾乎百分之百提前完成。

自制力是成大事者必備的能力

一輛超跑除了講求「動力系統」之外，也必須具備與速度相抗衡的「停剎系統」，才能快速、安全、順利抵達目的地。一個人的事業發展也是如此，要想順利完成目標，除了積極的行動力，也必須要有高度的「自制力」配合才行。

每年參加百萬圓桌會議（MDRT），我發現這些超級業務都有不凡的素質，他們勇於接受精神上和肉體上的挑戰；他們願意接受超出自己想像的工作或目標，並全力以赴去完成它；同時，他們經常讓大腦保持清醒，考慮一些有建設性的問題，不斷地思索需要認真對待的事情，以期訓練自己的「自制力」。總而言之，一個有「自制力」的人，儘管熱情蓬勃，但卻不顯急躁，遇到問題更不怨天尤人，因此受到大家喜愛，同時也比較容易成功。

既然自制力如此重要，那麼我們就來了解如何掌握自制力，迎向成功。我認為主要表現在兩個方面：一是履行自己所承諾的事情；二是善於完成自己應該做的事，甚至是自己不喜歡的事。

例如：如果我們每天計劃拜訪三個客戶，會不會因為應酬或其他事務而把它拖到明天呢？冬天的早晨，你是否能義無反顧離開溫暖的棉被，下床照原定計畫去跑步健身呢？你曾經下定決心不坐計程車，省下錢買車，能否堅持通勤時在酷暑中等公車呢？

這些都是一一在測試我們的「自制力」：你是不是能讓自己做正確的決定，能不能抑制沒有多大好處的慾望和行為。

「自制力」高的人，意志堅強，具備做正確決定的理智，做事不會虎頭蛇尾，有堅強的毅力和恆心，而且懂得如何控制負面情緒，不容易做錯事。

「自制力」不高的人則完全相反，無法控制負面的情緒，尤其是暴怒，很容易誤事，並鑄成大錯。

成功關鍵：現在，透過以下問題來確認一下你的自制力狀態如何？

1. 目前你在生活的哪一個方面沒有採取行動，為什麼？
2. 當你沒有採取行動時，結果會是如何？
3. 為了實現一個目標，你每天採取了哪些措施？
4. 為了說服你的客戶付諸行動，你可以問他哪些有力的問題？
5. 為了幫助你圍繞行動達到目標，你還可以運用哪些工具？

鍛練「自制力」的方法

不知道大家有沒有這樣的經驗，下定決心要學好英文，心中熱血沸騰毫不猶豫買了一整年線上課程，但是一年過去，才發現只上了幾堂課。除了花了一筆冤枉錢之外，從此失去學習英文的信心。

「自制力」就像肌肉一樣，越鍛練就越強壯，然而想要練出六塊肌的你，是不是覺得眼前的啞鈴就像幾千斤重一樣，怎麼也拿不起來。所以，我們可以選定一些小事情，每天鍛鍊它，就像練瑜珈、有氧運動、讀書、改變不良習慣等等。有恆心、毅力的「自制力」是人每天都要面對的問題，如果有一天想要偷雞摸狗，混水摸魚或偷懶，那恆心、毅力這顆種子就無法開花結果了，那我們的夢想也將成為浮光掠影。

請問，如果你有一個美麗的花園，你會如何維持它的風景？不去管理它？讓花草自生自滅嗎？如果這樣做，你會發現最終也是綠油油的一片，但它只是長滿了雜草，看不到期待中美好的鮮麗植物。

這也是新冠疫情期間，我回老家種田的一大心得，田裡的菜總是長很慢、草卻長很快！如果不定期去除草，慢慢就長的高過人了。天道酬勤，如果願意一步一腳印，每天除草，田裡的菜自然長得豐盛。我們渴望得到好東西，這些思想就是擁有一個美好的花園，而自制力就是一種「精神除草」。消極的想法像雜草，如果不拔除，終將成為一個雜草叢生的地方。如果你希望擁有一座美麗的花園，其實很簡易，種上一些能開滿花園的鮮花小心照料，再來就是每天勤奮的把雜草去除掉。也就是說，習慣性地剷除你的消極想法，讓積極思考和積極的態度開花，就對了。

當然要對一個長滿了雜草的花園，展現積極的態度，一開始肯定是艱苦的工作，但在你堅持積極思考的努力下，雜草會越來越少，花園變得越來越美麗。然而除草這些事情做起來需要耐心。只可惜從小到大，都沒有人教過我們該怎麼面對這種「沒耐心」。我發現，大家只會不斷地勉強、逼自己去做，希望有一天會找到樂趣。如果時間久了，還是沒有感受到些微樂趣的話，就容易斷然放棄，因此，這裡我想分享一些鍛練「自制力」的方法。

1. 停止你的抱怨，凡事樂觀看待。
2. 與誘惑源頭保持距離，集中精力做應該要做的事。
3. 多考慮長期的後果，不貪圖短期的快樂。
4. 今天你去做別人不願做的事，明天你就可以做別人不能做的事。

首先要明白鍛鍊「自制力」是一場「持久戰」，一定要下定決心，同時要隨時激勵自己，以免不留意時老毛病又犯了。恆心和毅力是不可少的，因為壞習慣不是一天養成的，當然也不是兩、三天就可以改掉的。

4

相信自己的價值，讓信念開花結果

機會就在眼前，等待你走上前來！

前提是你要先相信自己的價值，做出正確的選擇，並且制定計劃、付出行動，保持堅持到底的精神。每個人都具有提供有益服務的機會，根據提供的服務價值而取得相應的財富，因此，對工作有熱情的人、相信自我價值的人，永遠能超越漫不經心的工作者，擁有豐盛的財富。

價值取決於你所提供的服務

古人說：知己知彼，百戰不殆！如果要成功地銷售商品，你就必須瞭解商品；如果要在事業上有一番成就，你必須瞭解自己的長處。

有一次增員，一位對保險領域一無所知的年輕人，談到了薪水時表示：「我希望貴公司的薪水高於我現在任職的地方。」我回答「其實你領的薪資，是你自己可以決定的」。

相信人人都想要得到更優渥的薪資，然而是否有這個價值完全是由你提供的專業或職場上的能力決定，而不是以前一份工作的薪資比較來定論。

剛進入保險業，我每天最早上班、最晚下班，有時候一天工作來回奔跑數十趟到汗流浹背，體力驚人；碰到困難時，更是積極想方法去完成。由於我對自己的事業充滿高度的期許，因此無怨無悔地像女超人一樣工作，沒多久，我的保險事業就有了一些不錯的成就。所以，我非常清楚自己可以有效地為他人提供什麼服務，也不斷的檢討自己的缺點還有那些可以精進的地方。大部份的人剛開始工作時，幹勁十足、激情高漲，對自己的職業前途寄予厚望。但用不了多長時間，工作的平淡就會侵蝕他們的工作激情，他們開始每天一直重複著單調的動作，處理著枯燥無味的事務，每天想的不是怎樣提高工作效率，提升自己的業績，而是盼望著能早點下班，期望著上司不要關注他們的業績。

我也曾經遇過瓶頸，因此我看到業務夥伴不喜歡開發新客戶，或是每次開發新客戶只是草草了事，不能堅持自己設定的目標。我都會告訴他們一些經驗或方法，例如每當打電話開發新客戶不順利，想中途放棄時，我就告訴自己：「我一定能開發出願意跟我見面的新客戶」、「我是不輕言放棄的強者」，讓自己很快振作精神，堅持完成開發新客戶的目標，而不是讓自己身陷負面的情緒中。

成功關鍵：現在，就問問自己下列的問題，並請一位瞭解自己的主管或同仁，來幫助你確認答案的真實性。

1. 我達到我為自己所選定的目標嗎？
2. 我所提供的服務，已經是我力所能及的最好的服務品質嗎？
3. 我還能改進我所提供的服務嗎？
4. 我是否因為拖延的習慣而降低自己的工作成效？
5. 我是否堅持自己的計畫直至完成？
6. 我是否受其他人影響而降低了工作效率？
7. 我的意見和決定是出於猜測，還是基於事業的分析與思考？
8. 我是否在所有場合都能迅速而明確地作出決定？
9. 為了提高我的工作效率，我應該怎樣分配時間並改變我的習慣？
10. 在所有的問題上我都是虛心和寬容的嗎？

最後，試想一下，如果自己就是雇主，對於自己的工作態度與效益滿意嗎？

「相信」的力量往往超過想像

我們相信什麼，才能看見什麼；我們看見什麼，才能擁抱什麼；我們擁抱什麼，才能成為什麼。

我們所相信的將成就我們的人生。每一個人出生時都是一張白紙，而頭腦就像接收器。在成長的歷程中，每接收到一句話，都像標籤一樣貼到大腦裡，當標籤越來越多，內在就會開始產生化學變化：貼滿正面標籤的人，會打從內心湧出正向鼓舞的小聲音，對自己產生自信，認為自己充滿生命的價值，並能對人生挫折有正面的解讀，能快速從失敗中站起來。

反觀滿腦子貼滿負面標籤的人，則從內在湧起宛若詛咒般形影不離的小聲音，始終對人生有股無力感，在面對挫折時更難以承受，最後被自己的內在負面的小聲音給吞噬，成為畏首畏尾，不敢嘗試與努力改變的人。因為不僅是貼標籤的人相信，被貼標籤的人也深深相信。我並不鼓勵「貼標籤」的行為，但我卻深信「相信就會看見」這句讓夢想成真的金玉良言。不管今天在腦海裡輸入「想法」的是別人或者是自己，都加深了自己對於標籤語言的「相信」，大腦是忠誠的執行者，他不會分辨言語的真偽，只會按照輸入的執行。

慎選我們所相信的，將看見不一樣的結果。如果我們選擇相信自己可以做到，那麼，我們將會看到自己成為你所相信的樣子。如果我們不相信自己可以達成業績，那麼投注再多時間都顯得效果有限，因為即便我們的心想要成為頂尖的業務人才，但是我們的腦中時時刻刻有一個小小的聲音，一直在否認自己的話，心裡所產生的矛盾與衝突，頻率與強度會將工作的熱誠與自我的信任消耗殆盡。

在相信的力量下，我們更容易完成設定的目標，所以我們可以依照如下步驟去實行：

步驟一：設定放大的自我目標

在擬定目標時，敢於大膽追夢，真心誠意的問自己幾個問題：之後幾年想解決的問題為何、希望達成的目標、誰是目標客群、想為目標客群做哪些事，還有未來會形成什麼商業模式。

步驟二：用實例讓目標更明確

為了讓目標具體化，藉由舉例讓目標更明確，先問問自己「目標如何具體呈現於商業和行為模式」，還有「目標要如何在你的價值上呈現」這兩個問題。

步驟三：決定大膽策略行動

建構自己理想中的未來之前，要先掌握組織、策略以至於行動等，對達成願景的面向有助益的支持因素。所以先問自己或團隊「為什麼是我們要達成願景」、「為什麼要現在達成願景」、「公司或組織為了支持願景要做些什麼」這三個問題。

我們只會相信我們看見的，但卻往往忽略了「我們相信才會看見我們想看見的」這個事實。不管外界給我們的是什麼，足以左右最終決定結果的，卻是我們所相信的事實。

有一個很有名的醫學實驗，研究人員給了實驗組維他命C，卻聲稱可以治療疾病，沒想到過一陣子，真的有人因此病情變好，或者在服用藥物後覺得症狀得到舒緩。我們可以發現維他命C這種「藥」，並沒有真正治療的功效，但是病人的相信賦予了他們治癒的力量。換句話說，只要相信，人就會痊癒。曾經有人被醫生誤診為癌症，只剩下三個月的壽命，後來這健康的人居然就真的過世了，也有人相信醫生自己病情轉好，而抑制了癌細胞的發作。

另一個很有名的研究，在做過某項檢測之後，告訴實驗組的孩子是智商高的天才，結果在實驗期間，該組學生的表現遠遠超過以往，甚至成績高過真正的智商高的孩子。

種種例子都在在顯示出「相信」的超人力量。一路走來，在工作上我除了用心帶領團隊，我更希望在共事的過程中能夠培養出他們「肯定自我的價值」。而其中最重要的一點，就是相信自己做得到。在我的觀念裡，「肯定自我的價值」不是打造一個只贏不輸的體質，而是打造一種生活態度，是一種對「自己可以」深信不疑的信念。我們相信自己可以突破個人業績，就會努力去找到適合自己的工作方法、自動自發的學習，甚至從中找到自己的樂趣。

第二章

以真摯的心，建立顧客信心

1 以身作則，直接影響客戶

每個業務都期望客戶主動接受商品，並且願意買單是最完美不過了。不過，大部份的保險銷售流程，都是由業務親自走到客戶的面前，從需求分析到反對問題處理，最後由商品解決所有問題才能讓客戶心動，最後才進行成交。

客戶願不願意掏錢，完全是在於這項產品對他的價值與需求有多高。如果一個人看重保險背後的價值，即使一張保單要花一年上千萬繳保費，他也會樂於付出這筆錢。那麼怎麼樣讓客戶的拒絕扭轉過來，重視保險的價值呢？

站在高處，才能看得遠

保險的定義是在人生的不同階段，進行不同規劃，分散不同的風險。身為一個保險業務，可以做的就是讓保險進入人們生活當中，等到需要時發揮它的重要性。雖然我們的業務內容稱為「保險規劃」，但實際上卻是「人生規劃」。因此在銷售之前，要先明白自己對人生思維邏輯，想要讓客戶受到你的想法和觀念影響，就要有高度的思維格局。否則，反而有可能認同客戶不買單的原因。

每個做業務的人都經歷過一開始收入不穩定的時期，如果賺到的錢沒有預期的多，開支又比原來估計的高出不少，損益不平衡是最難熬的。既然要做業務，除了要有「積極的動機」，更要站在高處，看得遠。換句話說，你必須要有「歷久彌堅」的心理準備，如果做業務，沒幾天就賺到大錢，那麼業務的流動率也不會那麼高了。因此就算遭受到顧客的拒絕，也別感到失意、挫折，要有站起來的毅力，再勇往直前，奮戰不懈，直到成功為止。

我剛從事銷售業務時也不是一帆風順，但是自己銘記在心的觀念就是：「保險是幫助人的工具，保險業是利人利己利社會的行業」這點有助於在跟客戶談單時，對自我選擇產生認同。因此在拜訪過程當中，我會傳達保險的真實價值，讓客戶們知道保險在人生中的真正意義究竟是什麼？能帶給他的實質幫助是什麼？正因為我知道保險的重要性，所以不單單只是告訴客戶保險有多重要而已，我自己也替家人買保險，如果連自己都不認同保險，又要怎麼將它分享出去呢？

我在女兒十八歲生日時，送她的生日禮物不是光鮮亮麗的華服，也不是滿桌豐盛的美食，而是一份保單。這份保單上，要保人和被保險人都是她，她擁有保單的控制權。我非常清楚送給女兒一份有自主權的保障，比什麼都還來得重要。

銷售的人自己都沒有「認同」，就像一個不喜歡咖啡的人賣咖啡，被客戶一問味道和口感如何，不僅無法說出具體的體驗，甚至還擺出嫌棄的臉色，積極度和熱情都不夠，客戶很容易受到影響而失去興趣，覺得這杯咖啡沒有想像中的美味，也就不想嘗試，更別說是「成交」。

當我們認同保險的觀念，也要讓客戶也認同我們，如此一來，往成交的目的又跨了一大步。人是「感受」的動物，當客戶感受到你的熱忱，自然會願意跟你交流，所以跟客戶談任何事之前，都必須先認同要談的這件事，後面所有的思維都從這個基礎上出發。

重視自己所選，了解價值所在

推銷保險的時候，不要有急著成交的心態。如果一開門見山就直接提到商品，消費者就會起戒心，認為你是來推銷保險的，所以要先打從心裡「認同」商品，以這樣的影響力讓客戶也對商品產生「認同」。「認同」必須在「成交」之前，「自我認同」也要在「客戶認同」之前。

既然我們認同保險是「利人」的事業，客戶也能夠認同這一點，透過一些引導的小技巧，在溝通上面自然會順利許多。對我來說，保險就是生活，所以我在談生活，同時在談保險，把保險行銷變成生活一部份。

要讓保險真正落實在每個人的生活當中，就要先從自己對保險的認同做起，然後發揮影響力去喚起其他人的認同，而這也正是銷售的觀念——發揮影響力影響他人，讓他們能接受自己提供的觀念與想法，進一步採取購買的行動。舉例來說，你一直告訴客戶這一杯咖啡很好喝，但是客戶聽到最後仍然沒有喝這一杯咖啡，後面還是等於沒有結果。

透過慢慢的引導，就能搭起和客戶的橋樑，我們就像個「輸出」端，必須要有個方式，將我們的觀念「輸入」到他們的腦海，這個方式可以因人而調整練習。

記得剛進保險業時，公司推出了一個儲蓄專案商品，當時我做到86件的業績，平均一個月有8件以上的業績量。為什麼能達到這個業績量？因為我在跑業務時，只要逢人就問「你要不要規劃退休金？」

有誰會不需要退休金，我們一般勞工都有繳交勞保做提撥退休金，現在醫療水準提升，國人的平均壽命有持續上升的趨勢，為了讓未來有更好的生活品質，規劃退休金就更為重要，透過保險，以後與退休有關的問題或是年老長照或醫療，都可以提早做提撥，預先為未來做準備。

即便對方是個三、四十歲，正值壯年的人，我們可以透過輕鬆的問話，像是聊天似的問他：「你覺得人會不會老？」

「會啊！」

「你覺得人老了要不要有退休金？」

因為這是很實際的問題，一般人都會說要，接著就可以追問：「如果我有一個方法，可以幫你規劃你的退休金，你要不要聽聽看？等他點頭」這時候點頭的機率很高。

對方為什麼會同意，這是因為透過一步步引導，可以在無形間讓他對「老」

跟「退休金」兩件事產生「認同」。對方為什麼會認同，是因為自己先認同這兩件事，接著才能讓對方也跟著認同。

由於我會發自內心跟客戶分享提早規劃退休金，跟他們說「你現在還年輕，但是你有沒有想到自己有可能沒有辦法工作到60歲退休年齡，又或者因為疾病或意外狀況而沒有辦法活到60歲？當這些事情發生時，你身上可能背負養小孩的責任、車貸、房貸等款項，如果當意外的情況發生時，是你的家人要去承擔後續的責任跟債務。」

提問之後，我會讓客戶自行思考是不是要對自己的人生及財務做更安全風險管理，再適時提醒他在年紀愈輕時愈早規劃愈好，規劃的時間長，規劃的保費就愈少，愈可以達到客戶想要得到他想得到的，以終為始，以目標為導向，當下開始規劃未來的保障。

在談到退休金的好處時，會告知退休金不是要存到計算的數字才可以退休，而是透過早期的規劃而完成。也許現在對方的能力，一個月只能存五百至五千元不等，這依個人收入能力而定。

類似的例子還很多，像是有時候碰到客戶，一聊到商品，有些客戶就直接回應：「沒錢。」遇到這一類客戶，就可以問：「不管你現在有錢還是沒錢，如果你今天有錢，生病的話將是一筆開銷，沒錢的話，你生病了又該怎麼辦？」對方聽了，就會開始思考這句話的含意。這也是讓對方認同的方式之一。

無論是否能成交，先建立起客戶的認同是第一要務。

用觀念代替銷售

透過上述案例，就能夠明白「人生思維」有多麼重要。因為一個好的業務員要先將人生的思維建立起來，才能去影響他人。你會發現，自己具有高度思維的保險觀念的業務，保險成交的機率比較高，因為你所說的，他都能夠接受，有「認同」就會有「共鳴」，加上善意與誠意，成交的機率才會高。

所謂的銷售，是要讓他人接受你的觀念，進而採取行動，這才是我們要的結果。如果客戶的觀念無法建立起來，便很難完成。同時，用觀念代替銷售也是最省力的方法，比起你口沫橫飛的介紹商品，讓保險的觀念進駐他的腦海，讓他對保險需求產生迫切感，更容易成交。

保險業務員就好比消防隊員，想要進去救人，如果自己的觀念沒有建立或沒有鞏固好，想要救人，結果自己沒有先顧好，不但危險也無法取信於人。所以要怎麼讓客戶接受商品？其實是在自己對觀念清晰的前提下，先讓對方理解觀念是什麼，進而接受這樣的觀念，至於溝通技巧則是其次。

這並不是說商品不重要，而是人是活的，商品是死的，要怎麼讓客戶覺得這個商品對他來說是有意義的？就得從頭先開始建立思維。以觀念代替行銷，才會事半功倍。

2 建立信賴關係，開啟陌生開發

「成交」的關鍵不是在於產品，而是在於「信任」。每家商品的強項也不是客戶考量的唯一重點，消費者往往是因為相信業務員，才會願意接受商品。即使客戶是認識的人，信任度尚且會分深淺，更遑論不認識的人，而陌生開發的難度往往在於如此，因為客戶的不夠信任，可能連繼續耐心聽下去的時間都不願意給。

如何讓客戶從陌生中放下心防，讓觀念成功「輸出」到客戶端，打開客戶的心門，往往就靠「逐步的信任」。不然，對方的防衛之心擋住了交流，那什麼也談不成了。

「投其所好」——引起對方的興趣

即使有縝密的思維和清晰的觀念，要讓保單成交，還是得透過實際的操作及演練，真正和客戶面對面互動，才能讓保單成交。在與客戶接觸之前，內心總會冒出種種疑慮：「我所說的話，他會不會排斥？」「要怎麼做，他才會對我有好感？」「我現在的表現，會不會破壞跟他下一次見面的機會？」不管事前做再多的沙盤演練，實際面對客戶才是考驗一個保險業務的真本事。

面對不同客戶，要獲得他們的快速信任之前，首先要先引起對方的「興趣」。利用興趣，拉近客戶與你之間的距離，再透過適當分享自己，進而與客戶做進一步的交流。

人們往往樂於分享自己的興趣或是喜好的事物，像是看到自己喜歡的書籍或文章，便會迫不及待想與人分享，如果有人願意跟他一起討論，就容易打開話匣子，進一步建立起關係。正是因為這點，所以業務在面對不同人，想要快速與人建立關係，最好的方法便是引起對方的興趣，談談對方有興趣的話題，進而更快獲取他們的信任。舉例來說，如果知道哪個客戶喜歡烘焙，當他跟你聊起烘焙的大大小小事情時，就算你對烘培一竅不通，稱讚他的手藝，或是提供意見，甚至往後幫他注意關於新的烘焙資訊，對方感覺到你的用心就會信任你。

也許一開始的時候客戶對買保險可能有戒心而不願意談保險，換個角度如果他可以接受基金、債券或股票等大眾較常利用的理財工具，就可以透過這類話題來引發客戶的注意與興趣。公司不只有保險業務，還有證券和其他金融等類型業務，所以和客戶交談與財經有關的話題不是只能侷限在保險。我會先詢問客戶本身有做哪些投資？買哪些股票或基金？現在獲得的投資報酬率是高還是低？透過聊天的過程了解客戶的需求方向及風險承受度。

在提供訊息時，也可以用些技巧，像是利用交換式的問話，讓對方願意主動吐露。所以在理解客戶的需求方向之餘，我會適時的分享自己買了哪些股票基金，與客戶談談最近的金融趨勢，再提供給客戶相關的投資資訊，以及相關的手續費優惠等，透過交換式問話來拉近彼此的距離。

當你持續不斷和客戶分享各種財經相關訊息，時間一久，客戶會發現你跟他分享的資訊對他是有幫助的，對你的信任度也就逐漸加深，因此就能讓客戶產生信任感進一步決定找你購買，達成成交的效益。

保險是來服務人的，而不是只為謀取自己的利益。有些業務員為了拉業績，在看了客戶手中其他家的保險，就會說自己的比較好，勸客戶把其他家的保險解約，結果反而造成客戶的負擔與浪費。為了自己的利益，反而讓客戶蒙受損失，未來也會對於保險業務員產生負面印象無法再加以信任。

如果客戶手上已有同行的保單，並不是讓他去辦解約，然後重新投保，我的作法是先幫他做評估檢視，針對重複的商品做微調，對於不足的部份再補足保障內容，絕不能為了獲得新業績而讓客戶遭受到損失。信賴感建立不易，毀壞卻很快，想要在業界做出口碑，做得長久，誠信絕對是最大的原因。

主動分享，創造話題

在與人相處的過程中，想要讓對方「快速信任」，最好讓對方覺得你是個願意打開心胸，是個真心的人，他相對比較願意釋放出自己的消息。如果想要了解客戶也要有技巧，不要讓人覺得像是警察在做身家調查，容易引起反感。

如果想知道對方的家庭狀況時，我通常會先提起自己的家庭狀況，這時候在反向問對方的家庭狀況？比如：「我女兒今年剛滿十八歲，你兒子呢？」一般人聽到這裡就會跟你聊下去。

再假設另外一個例子，假設今天對方開了輛車過來，我就會主動表示：「我看到你有開車，我也有開車，你這車子開多久了？」

「大概七、八年了吧？」

「你覺得這台車子的性能怎麼樣？」

「還不錯，不過車子開久了，有點小問題……」這時候，我們就會透過車子的話題延續下去，利用這樣的方式，對方就比較願意提供關於車子方面的訊息。

有時我也會利用論述，或是利用分享的方式，再帶入自己的個人訊息，讓對方感受到我的「誠意」，對我也更加信賴。當對方先知道你這個人並認識你，才會覺得有交情，也比較好說話。這並不是要你一股腦把自己的訊息全部拋露出來，而是在提供訊息這方面，你可以先當主動的一方，透過適當的揭露，讓對方樂於跟你產生聯繫。

分享可以在銷售時使你能和客戶建立信任關係，雙方在愉悅的情境下交流溝通，水到渠成，完成雙贏交易，幫助你成為真正的業務高手。

3 客觀周詳分析，加深購買動機

意外跟明天究竟哪一個會先到來，誰也不知道，但在意外出現之前，不論是個人保險亦或是財務管理，我們都應提前規劃好風險保障，然而，有些人因為不是很清楚保險對於保障一個人權益的重要性，或覺得當下沒有買保險的需求，所以選擇不買保險。

這時候，保險業務角色的作用在這裡就會發揮出來，如何讓客戶知道保險有多重要，並且願意透過保險給自己的人生一份強而有力的後盾，端看保險業務如何傳授相關概念，從客戶的需求為出發點，針對其狀況做客觀且周詳的分析，有助於加深客戶購買保險的動機。

為自己未雨綢繆做準備

一個人生活的時候，都會覺得只要能做到「一人飽全家飽」，能夠顧好自己就很好了，不會想要未雨綢繆做好財務規劃的準備。然而，如果客觀的分析，讓每個人都對事先做好財務風險管理的重要性。

有一次，我在超商遇到工讀生妹妹，和她聊起退休金規劃的重要性，我問她：「妹妹，妳要不要存錢？」她想都不想，直接就回我一句：「沒錢。」一般保險業務聽到「沒錢」這兩個字的時候，都會回她「那就每天少喝一杯咖啡」、「少抽一包煙」、「不要去美容院做頭髮」、「不要去買化妝品」⋯，言下之意就是要客戶為自己的生活作出一些讓步，所以客戶的抗拒是誰引起的，是我們業務員引起的。

殊不知，在客戶不知道保險的價值和意義是什麼的時候，一聽到要犧牲自己生活中的一些小確幸，自然就會產生抗拒，開始找一大堆理由拒絕，然後業務員為了做業績，於是開始追著做拒絕處理。

當聽到工讀生妹妹回我：「沒錢！」這句話時我一點也不感到意外。但是我選擇採用另一種方式提問，問她：「妹妹，妳希望妳以後是越來越有錢還是越來越沒錢？」從她口中得到的答案是：「越來越有錢。」我進一步提問：「妳想要越來越有錢，妳覺得應該要怎麼做？」她說：「存錢。」這時我繼續提問：「如果每個月跟妳拿一千塊，妳會不會活不下去？」「不會。」我說，「好，那就是一千塊，這樣妹妹每個月就能存一千塊。」

這個金額是她可以負擔的，她可能進一步提問起利率的問題。我開始用隱喻的方法來跟她談，「妹妹，假設妳有一百萬存在銀行定存，可能一年有一萬元的利息，假設妳放在民間的利率一個月有三萬元，那麼一年就有三十六萬，姑且先不論風險，妳是不是會選擇把錢放在民間的這一邊吧！」

比較了利息之後，我再回過頭問她：「那麼請問妳現在有一百萬嗎？」

她直接了當的說：「沒有！」

我接著又問：「那麼妳考慮利率要做什麼呢？我現在來協助妳如何在六年或十年後擁有一百萬，藉由一個工具強迫儲蓄才能在之後產出妳人生的第一桶金。」

工讀生妹妹是苦哈哈的月光族，在聽了我的規劃建議之下，也重新思考她規劃退休金的方式，最後我成交了這張儲蓄型保單。

再舉一個例子，對於有配偶及小孩的客戶來說，風險保障規劃更是重要，我花店對面有一個麵攤的老闆娘，花店的姊姊就常跟她分享保險的重要性，後來她一看到我，第一時間就覺得好像又是要談保險。於是我直接跟她說：「妳不用怕見到我，其實要不要買？跟誰買？我真的沒有差別。只是站在家人及朋友的立場我請妳思考一個問題，如果有一天妳老公老了需要照顧時，那會是誰要照顧他？」我把這個問題丟給她，讓她自己去思考對未來風險規劃的重要性。經過一段日子，這位老闆娘主動找我詢問保險商品。

不論保戶保單金額的多寡，我一直都是站在利他的心態來處理，只要站的位置是正確的，對客戶是百利而無一害的，我就會勇往直前，就算今天被客戶拒絕了也不會感到洩氣，我只想著「總有一天會等到你的認同」，有誰會不需要規劃未來風險保障，因為生老病死這四階段每個人會遇到，這些是人生的自然規則。

理性分析喚起需求

我進入保險領域，開始瞭解保險真正的價值是「保障」，所以在面對客戶時，我會和他先聊聊對保障的想法，再依據實際的需求去規劃與建議。

有一回陪同我的團隊夥伴去拜訪一位小兒科的醫師，他一見到我的出現就質問我的徒弟說：「你自己來就好，為什麼還帶你的主管來？」我坐下後開始和他聊起醫療實支實付險種現在有出終身型的商品，我針對他的需求給予適當的保單年期建議，針對商品保障不足的部份再增加附約項目，在和他解說的過程中，我發現這位醫師原本微皺的眉頭逐漸放鬆，開始認同我論述的內容。

席間我拿出我女兒的保單來給他看，細部的去說明讓他更清楚了解我為他規劃的原因跟差異性，他聽完後覺得我講得很有道理，一直頻頻點頭認可。我繼續和他聊到人生財務風險管理，我跟醫師說：「我們是大型的金控業務員，可以和你談保險，也可以和你談定期定額基金，有投信也有投顧，再加上證券你可以買美股，也可以買台股，可以去分散配置，還有手續費的優惠，只要在我們金控平台開戶就可以自己操作。」

他很驚訝我們有提供如此多元的服務，聽完我所有的分享以及分析之後，態度產生大轉變，在訪談結束後還親自送我們到一樓大廳，主動的要求要跟我互相加彼此 Line，因為我讓他感受到對他是有幫助的，對他是有價值的，我感受到他對我態度的轉變，更堅信我們的工作是非常有價值的。

我發現社會上成功企業家都曾經是業務高手，他們脫穎而出的關鍵之一，就是持續不斷的學習「專業知識」，在好的基礎之下，隨時注意市場新趨勢，掌握並運用各種「專業知識」和技能，協助顧客邁向更好的生活。

因此，必須盡一切努力去學習「專業知識」，就像 Simen King 是英國的餅乾大王，創造高達二十億英鎊的營業額，他之所以如此成功，關鍵在於他做餅乾的「專業知識」和能力高人一等。

據了解，Simen King 從進入餅乾業開始，為了精進自己的手藝，他痛下決心花兩倍的時間去學習更多的「專業知識」，廣泛搜集新資訊，專研製造技術、不斷改善新方法。每次推出新餅乾時，他一定找許多人來試吃，傾聽他們的聲音，接受大家的批評，口味稍微不對，不夠好吃，他一定立刻著手改進，也讓經營多元化，增加了「寓教於樂」的製作餅乾體驗，經常舉辦現場製作餅乾的活動拉近和消費者的距離，讓烘焙工廠成為好吃又好玩的樂園。

在 Simen King 最精華的歲月中，他投資了最大的心力去努力學習「專業知識」和進行「專業知識」的實驗工作，因此贏得巨大的成就。

如何增加你的「專業知識」？

在職場中，你的專業性、工作表現能不能被肯定，是決定未來事業發展的重要關鍵。一般來說，高收入就意味著高度專業化、高度意志力和耐挫力，因此，一有機會，就要學習和自己領域相關的各種「專業知識」。

亞洲首富李嘉誠從二十二歲開始創業做生意，超過五十年，從來沒有一年虧損，而且還一步步成為華人首富。李嘉誠認為：「在事業上追求最新的資訊，最要緊的就是要追求最新的『專業知識』和 information（資訊），做哪行都是一樣，最重要是事前要吸取經營行業最新、最準確的技術、知識和一切與行業有關的市場動態及訊息，而且必須處於最佳的狀態，讓自己能輕而易舉在競爭市場上處於有利位置。你掌握了消息，機會來的時候，你就可以馬上有動作。」

專業就是贏家，專業力等於競爭力！一個人所擁有的「專業知識」的程度決定他的「優勢」，和他能提供多少的服務以實現他的價值，因此，下定決心努力汲取和運用「專業知識」吧！

所以，問一問自己：「我有足夠的專業知識嗎？」「我擁有比以往更高超的專業知識和技能嗎？」和「我是個專業工作者嗎？」如果還有成長的空間，就馬上行動和更上一層樓吧！

成功關鍵：如何增進「專業知識」？

1. 多跟成功人士交往。

透過參與各種活動結交各領域的朋友，除了可以涉獵各領域，也可以了解顧客的發展、需求。

2. 多看、多聽、多閱讀。

多看各類相關的文章、書籍，有助於你掌握最新資訊。有機會，就多去參加一些講座、論壇，公司的培訓和出國考察業務也要積極參與。

3. 選定喜愛的項目努力鑽研。

結合你的興趣，讓自己變成「小專家」。

4. 創造更多的價值給更多的人。

把你的企劃、建議、產品提供給更多的人們，提供足夠的服務給更多的人，還要提供足夠的價值和貢獻給更多的人。

4 學習「拒絕」處理，化危機為轉機

每個業務接受專業訓練、考證照，這一切的努力，都是為了最後的「成交」。一旦成交，所付出的心血都是值得的。在成交過程當中所碰到的任何關卡都不是問題，成交最大的問題就是遇到客戶說「不」的時候。

即使明白在成交過程中，拒絕是人之常情，被拒絕的時候，還是會覺得懊惱、沮喪和難過，總覺得自己是不是哪裡做得不夠好，才沒有辦法讓對方點頭。比較有經驗的業務遇到客戶拒絕後，可以很快就調適好心態。不過對於新人來說，被拒絕就像是被他人否定一般，覺得十分受挫。

然而，面對「拒絕」，我們有更好的處理方式及心態。其實只要明白保險業務是提供對方解決問題的工具，我們所能做的就是將保險的理念擴散出去，至於對方是否願意接受，那是對方的選擇。說到底，如果我們內在沒有任何得失心，即使被拒絕多少次，我們都能夠泰然處之。

客戶拒絕的理由

不管是一開始就拒絕，還是保單都下來了才反悔，不到最後一刻，都不算成交完成。只要客戶拒絕，一切就得打掉重來，但面對客戶拒絕，我們可以有更好的處理方式。細究客戶拒絕的原因，我發現不外乎三個：一、沒錢；二、保費貴；三、我很有錢。

面對客戶的拒絕，我會用客戶拒絕的理由去反推，向客戶提問並且讓他自己去思考，讓他覺得我不是要請你花錢買保險，而是要解決他的風險規劃需求。

舉例來說，假設遇到一開口就說「沒錢」的客戶，一般的保險業務員談到這裡可能會直接結束話題不再繼續談下去。但我會立即反問客戶「有錢沒錢跟身體生病有沒有關係？」當客戶回答沒有，我就接著說「如果你沒錢，要是生病了怎麼辦？」先透過提問讓他認同這個論述，我會讓他明白，有錢沒錢都會有生病或意外的風險，需要保障，沒錢更是他要規劃的理由，而不是他拒絕的原因。當意外來臨時，所支付的金額可能遠遠超過保費的金額。

再來就是覺得「保費太貴」，有些客戶會提出這個說法，企圖阻擋你繼續談保險。我會慢慢傳遞他保費高的道理，讓他明白這筆錢出去，不是丟到水裡，當真發生事情時，保費就會發生它「保護傘」的作用。所以我都戲稱保費就像是個「保護費」。就像醫療險，如果一家四口都投保的話，哪天真的有誰因為住院治療，醫療險就能發揮它「保護」的作用，不管是單日金額還是實支實付，不會因為住院的關係，讓家庭經濟雪上加霜。

至於很有錢的客戶，我喜歡以「鐵達尼號」舉例，客戶是一艘很大的鐵達尼號，我當然不是要教你再造一艘鐵達尼號，但是再堅固的船都有可能發生沉船的時候，這時需不需要救生艇？而我就是建造救生艇的專家，船越大，救生艇不是就要越多，所以談保險這一塊就是要預防意外的產生，對未來要能防患未然。

一般人普遍會利用上述這幾個理由來拒絕，這是因為不熟悉保險，遇到這些保戶，我會先釐清他們對保險的觀念，重新建構他們的思維，以對方拒絕的原因，成為對方不得不思考的理由。不管客戶當下買或不買，透過談論這些話題，保險這個觀念已經植入他們的心，等到時機成熟時，再提起這回事，就會發現前面的拒絕不過是個過程。

用自己的觀念影響對方

曾經有一位客戶，當時規劃的保險，公司通過後，對方的保單都下來了，到最後一刻，他卻表示想要棄保，我們花了很大的努力，跟對方聊了近四個小時，最後才成功讓他願意保留這份保單。

當時那個客戶就像一般人，都已經核單了，還是覺得保費太貴，想要棄保，我就一層層分析給他們聽。因為他們是三姊弟，既沒有結婚，又是公務人員，而姊姊身體有些狀況，沒有辦法買同樣的保障型保單，又覺得十年期的規劃太長，我就把為什麼當初規劃十年的原因跟他說，表示這對他們比較有利。

我跟他們聊了一下，得知他們想把錢放在黃金或投資上，因為他們覺得買黃金比較保值，而保險要六年後才開始有增值，根本不及股票的投資報酬率，所以他們想要契撤。

我懇切地告訴他們：「這筆金額如果投保這項商品，身故理賠金會有倍數的作用，如果走到人生的句點，就不是只有一百萬，而是會倍增，如果放在股市，股票是獲利是投資，它不會有身故理賠金倍增的功能。」

再來，因為他們是家人，都替對方設想，我問對方說，你是不是希望可以照顧其他的人？那麼，保單的受益人就可以指定分配給想照顧的人。況且，他們三個人又沒有結婚，如果不藉由保險工具，是沒有辦法依自己的意思配置，在離開後想要照顧的家人。

我論述的十分詳細，站在對方的立場，將利弊分析給他們聽，說到最後，他們就把契約全部留下來，只拿掉豁免，其他像是年期，或是保額都沒有變，這就是論述保險保障的好處、功能與價值。

在客戶拒絕，我利用我的觀念去影響他，用新的觀念去打破他們舊有的框架，還提供了額外的價值，並且強化「想要」的意願，影響保戶接受保險的本質在保障保戶，而接納了這項保單規劃。

以等待的時間換取成交的空間

客戶拒絕是正常的，如果是第一次見面就拒絕的客戶，更是自然的現象，遇到這種人，就抱平常心態。通常我跟客人談過三次，如果他還沒有任何意願的話，就先放在一邊。不過，我仍然會跟客戶保持良好的關係，平常還是會互動，雖然不談保險，但還有很多事情可以聊，等待期間，還是要再去開發其他的客戶。

等到時間一久，他也許會因為遇到一些事情，或是心境改變，想法也跟著改變，而這個時候他可能發現保險的重要性。

千萬不要因為等待，而降低了做其他事的效益！

我認識一個保戶，是別人轉介紹的，從最初接觸到後來他跟我買一個十萬美金的保單，前後花了三年。在這期間，我持續跟他保持連繫，並釋放出一些訊息，累積了足夠的信任，他便跟我買了保單。如果碰到拒絕的客戶，不用因為這樣就完全不理他。因為當下的他，也許他還不知道需要的是什麼？

就像我年輕的時候，我姊姊在跟我說壽險的時候，我怎麼樣都不肯買，覺得自己在股市中的報酬率，隨便都比保險商品還要高，便回絕了。等到時間久了，遇到一些事情，也有了家庭責任和生活壓力，開始感受到保險的重要，觀念開始打通，我的保單規劃也就越來越充足。

所以，遇到像我之前還沒打通觀念的客戶時，也不要放棄，畢竟，當時你跟對方談保險的時候，他可能才二十多歲、三十多歲，覺得人生還很長，他也有賺錢的能力，不想去關心那麼遠的事。等到時間過去，他可能買了車子、也結了婚、甚至生了孩子，或是身體發生一些狀況，這時候，他的思維會慢慢改變，觀念因為狀態不同會開始變化，只是這種轉變需要時間，用等待的時間換取保單成交空間，雖然漫長，但也不是毫無價值，因為當人一旦觀念改變，成交也就不會拖泥帶水。

因此，碰到拒絕保險，卻不會拒絕你的客戶，就先把這個人當作朋友，並以朋友的角度跟他進行互動、關心，持續的追蹤與聯繫，等時間到了，再進行商談，自然有成交的機會。

面對「拒絕」心法——保持敏銳度

遇到果斷拒絕的客戶，還知道要怎麼處理，比較難的是，這個客戶有把你的話聽進去？還是只是敷衍你？

有些客戶為了不想破壞彼此的關係，或是讓當場的局面太難看，拒絕相當婉轉，會說「我再看看」、「我再想想」。遇到這些模擬兩可的話，我便知道我提供給他的規劃並不是他想要的

你可以適當的詢問，來看看他的反應，再來判斷這個客戶是不是現在無法成交？從他的眼神、他的語氣，還有他表達出來的專心度，來判斷他對你所談的這項商品，是不是真的有興趣？

如果你的第一個保險規劃沒被採用，那就表示你幫客戶規劃的建議並不是客戶想要的，你必需重新再設定你的客戶最在意的是什麼？直到你發現那是客戶最在意的保單規劃為止。

當遭遇拒絕時，只需把它看成是一個規劃不周全的資訊，然後重新制訂你的規劃，再度出航，駛向你的目的地。如果對方真的有些顧慮，就幫他化解，如果對方的反應，是他現在真的什麼都不想要，那也不用太急切，保持聯繫。不管客戶如何拒絕，我們也要保持平心靜氣，畢竟，客戶有買跟不買的權利，但我們有告知的義務。

第三章

以謙虛的心，打造專業服務

1

明白自我價值，鋪陳銷售力道

想像我們的眼前有場大火即將漫延，如果有個消防員以強大的氣勢出現在民眾的面前，一般人自然而然想要信賴甚至依靠他。這種力道，正是保險業務員所需要具備的。保險就是一種保障，為人們擋在災禍的面前，雖然沒辦法阻止災害的到來，在變故的時候可以發揮不可取代的作用。

在必要的時候，專業的保險業務員可以協助危機處理，在風險來臨時，讓你維持平常的生活，這就是保險業務員的功能性。我們要明白自我價值，要知道我們從事的工作是別具意義，想要讓客戶信任，就必須要有力道，平常就要

不停的自我充實與鍛鍊，才能讓保戶明白你是可以信賴與依靠的

讓客戶明白你的價值

人生的風險太多了，所以才會衍生出「保險」，保險最早的雛形甚至可以追溯到羅馬時代，一個叫做「CollegiaTenuiornm」（互助協會）的宗教組織。加入組織的會員定期繳納會費，在會員逝世之後，遺族可以領到一筆費用。

以前一般民眾對於保險業務員的想法較為偏差，覺得從事保險業的地位比較低，忽略了保險的專業。這個現象現在已經有改善，不過如果想要扭轉整個社會觀感，還要很大的努力。身為保險業務的我們，更不可以忽略自己的價值。所以我們能做的是充實專業知識，超越客戶的期待，拉高與他人的高度，讓保險更加專業化。

一般業務員在時機還不夠成熟就急著拿出自己的名片，這叫亂槍打鳥，以為投遞了一百張名片，總會有人主動打電話給你，要跟你買保險，我建議各位在對方還沒看到業務員的「價值」之前，不要輕易遞出名片，因為客戶貿然拿到你的名片，很可能轉身就丟，要不然就是隨便放到口袋，之後就再也沒任何

消息，這代表你在對方心中還沒有份量，因此遞名片也得看好時機。我認為一個好的業務員就是要不斷的提升自己，不管是言行舉止，包括形象也好、學習也好，都必須要創造出一個讓客戶覺得你是一個可以信任且值得親近的人，他就會主動想要你的名片。

舉例來說，我曾經在公園椅子上跟陌生人無意中聊到車險，雖然車險不是我的主要項目，但我隨時隨地學習，即便是強制購買的車險我花時間讓對方了解個人的權益，適當的讓他們明白我的價值與貼心的服務，他們信任我的專業，成交機率才提高。

所以客戶在生活中認清你的重要性，自然會主動開口跟你要任何聯絡方式，這時候，你所遞出的這張名片才有價值。

替客戶找出需求

目前保險公司林立，每個人碰到的保險業務肯定不少，身為業務必須思考一個方向，就是客戶為什麼不跟其他人保，而要跟你保？重點是除了要讓客戶知道你本身的優勢，讓他們知道商品只是一個解決問題的工具，更重要的是你能提供他什麼「附加價值」。

要如何得知客戶真正想要的？客戶並不會輕易告訴你，有時是因為客戶也不知道自己的需求在哪裡？這時就必須由你來協助客戶去分析瞭解，規劃出他想不到而你卻能分析出來對他有利的規劃。例如客戶是單身或是已婚？有沒有小孩或長輩要撫養？針對這幾項條件，推出的商品訴求跟額度也會不一樣。若是客戶有其他的保單也需一併幫他檢視，看看是否用微調的方式或是補充添購哪些商品項目就好。早期的保單正常來說會比現在來得好，但是絕不能為了要獲得業績，而讓客戶將原有的保單解約重新購買新商品，讓客戶一直處於從繳新保費的循環期間當中。

我曾經問過一位客戶，假設你今天走在路上，看到有人發生車禍，傷者可能只有擦傷，重者可能是骨折或殘廢，或是當場身亡。你會不會聯想到這種情況，如果發生在你或你的家人身上，你知道可以有哪些工具可以幫他做到最好的風險規劃嗎？

一般人只知道在發生車禍時找警察跟救護車，但除了警察跟救護車，你知道其實我們在發生車禍前，幫助每一個人做好保障規劃，而這四種情況，我們可以提供四種保障：第一種是意外險，第二種是骨折險，第三種是長照失能險，第四種則是壽險。

若是想轉嫁風險，一套完善的保險就很重要。如果事先沒有任何規劃，將來誰要承擔這個責任？以這個客戶的例子來說，這些需求目前還看不到，但這卻是個隱性的風險。站在對方的立場思考，找出他們所沒想到的風險，等他們認同之後再來談商品。

行銷大師賽斯‧高汀說過：「別為你的商品找好的顧客，而要為你的顧客創造出合適的商品。」他有需求，你有工具，兩人一拍即合，就可以創造出無限商機。

要理解客戶需求，藉由客戶的拒絕明白他們的需求是什麼也是一個方式。就像不同的人生病，醫生會看每個人的年紀、體重，而開出不同劑量的藥，就是針對每個人的狀況量身訂做。

在保險規劃這一塊，東方人處理保險的思維不同於西方的規劃思維，東方人多以商品為導向處理。有些保險業務為了賺取業績，只要公司推出新商品，就開始鼓吹客戶購買，沒有顧慮到客戶的需求狀況，容易讓大眾對於保險業務人員產生詬病，這是我們在處理保險上需要格外注意的地方。

把客戶當作你的朋友，可以從了解他們的身分背景量身訂做，進而快速成交。這樣的舉動並不是在打探人家的隱私，而是透過你對這個人的了解更快為他找出潛在需求。在跟對方聊天時，除了知道對方的家庭狀況，還可以從其他方面著手。就保險來說，對象是男是女都可以做為參考。一般而言，男性會從事高風險工作的比例，較女性來的高。在男女的保費上，就會發現大部份男高女低。

職業的風險性也影響保費差距。從事高風險職業的人，要讓他們明白保費為什麼會比較貴，正是因為風險是高的，所以保護費也會比較高。

給客戶更多選擇

如果你本來只是想去買隻手機，結果店家推出了不同品牌、款式和不同功能的手機，增加客戶可以做的選擇，會讓他們覺得來這家店買東西是值得。所以當我們在跟客戶談商品時，客戶有需要的人脈、而我們也有這些資源要不吝拿出來，讓客戶看到你除了保險保障以外的價值。

要讓客戶擁有更多選擇，就要先站在客戶的立場去想，用同理心換位思考，以利他為出發點，誠心為客戶規劃適合的保單。依據客戶的實際狀況為他分析，若他已經有保單，但經濟能力比較不足，就維持原有保單，最起碼有保障規劃，若經濟能力較充足則可再追加保障項目。

我經常跟客戶聊高爾夫球理論，為什麼打高爾夫球需要那麼多的球桿，為的就是要因應球場高低不同的環境，如同我們人也是一樣，為了要因應人生不同的狀況，可能會有重大疾病或意外的產生，可能會需要長照，所以需要依著自身的狀況廣度去設定保障。

如果與客戶分享保險商品時發現客戶對股票、基金或債券有興趣，我會推薦客戶在我們公司的金控平台開戶，只要完成開戶就能即時自行操作，依客戶的屬性需求來提供適合的商品，適時的與客戶交流經營理財的品項與觀念，讓他發現你擁有許多的專業資訊，進而增加客戶的信任感。當客戶開始發現你的價值時就會主動的向你靠攏，慢慢的就會從新客戶升級為老客戶，進而幫著轉介新客戶。

這部份，正是因為我提供了客戶更多的選擇，這樣一來，他對於我的信賴也會更高。讓客戶知道，你所提供的不只是保險，而是全面性的規劃，就會增加他們的買單率。

2 自我成長與學習，創造被利用價值

求學的時候，我們只是單方面的學習，感覺學習的最終目標是應付考試，但已經出社會的人，就不能只是單純的學習，學習完成之後更必須落實練習，不斷演練自己習得的技巧，才能呈現專業給客戶。

在保險裡，對於自己的專業最好專精，從自身專業延伸出來的項目，也要多多去熟悉。即使看似跟我們的業務無關，但是學習不同領域的事物可以增加與客戶的話題廣度。我們必須透過不斷的學習，來改變腦袋的思維，同時，還要不停的學習來提升自我的價值。

把時間擺在對的地方

每個人的時間都一樣的，一天24小時，一年365天，而時間的安排，則取決於你是否成功的關鍵。

成功的人會有一些特質，你會發現他們的思維跟一般人不太一樣，有些人覺得平常上班，放假的時候休息都不夠了，還要浪費時間去上課？而且專業的課程需要付費，看不清價值的人就會覺得貴。

這就是為什麼有些人能夠成功，而其他人不能？成功與不成功的差別就在這裡。當其他人休假時，在家睡覺或是安排出去玩，你都在不停學習，這就是你跟其他人的差距。即便像我現在這個歲數，我還是不斷的學習。我曾經去上過一場三十幾萬的課程，只要有幫助我毫不手軟，因為我覺得那是投資自己的腦袋，非常值得。

學習一天，可能覺得沒什麼，一個月也沒什麼，但一年、兩年之後，透過不停的積累，就看得出其中的差距，這就是為什麼有的業務一直在進步，有的則停在原地踏步，這就是時間分配不同的差異。所以我們隨時都要主動學習，還可以將你所學到的分享給其他人。

我曾經和團隊裡兩位夥伴去拜訪一位七十多歲的客戶，剛開始他話不多，在我跟他聊起土地以及經商的經驗後，他開始無私地與我們分享他畢生的人生經驗，相談甚歡之後，我們也順利的簽成業績。事後，我提醒兩位夥伴要多向這位叔叔學習，不要認為長輩都是在講一些陳年八股的事情，透過他的精華分享，能增加不同領域知識，要把自己的心當作空杯子，以虛心的態度學習他人的經驗。

學習不一定是在課堂上，甚至在出去拜訪時，每位客戶都可能是我們的老師。把握每一次學習的機會，將你的心思、時間，花在能讓你提升的事物上，久而久之，你會比剛入行的時候有更顯著的進步。

將你的專業突顯出來

以前在學校的時候對未來還茫然無措，不知道是否能學以致用。而進到保險之後，你所習得的一切，都可以應用在自己與客戶的生活上。跟一般行業相較之下，我們的任何專業技能，都有機會解決他們基本的生活問題，所以，為了想要服務廣大的民眾，就得精益求精。

我曾經有個由其他客戶轉介紹的客戶，一開始他對我給他建議的商品並不感興趣，但我們還是一直保持聯繫，一直到他買了一輛新車，向我洽詢車險的問題，請我協助規劃報價。我不僅仔細規劃，還跟他詳細說明車險的差異，提醒他是否短少或是不足的地方。後來，他感受到我無微不至的服務而主動來投保，甚至還詢問我其他的商品想進一步了解。

面對這個變化的市場，強化多元學習相當重要的，我們在跟客戶聊天時，不可能只聊保險，可能東南西北什麼都聊，當他發現你明明是個保險業務，卻可以給他房地產銷售相關的建議或其他話題，自然而然客戶對你的價值會慢慢提升。一旦讓對方發覺到你的價值感，他就會主動聯繫你、貼近你。

現在的保險公司加上經紀人，客戶可以選擇的公司、業務實在太多了，對業務來說，是個很大的挑戰，這就衍生出一個問題，你究竟有什麼特點，讓他覺得跟你保是對的？這時候，我們就必須展露出我們的專業度讓對方「看見」。當其他人看見你的專業，知道你的價值，他們才會信任你，或是轉介紹，保單成交的次數自然也會提高。而我們更要明白，想要被看見就要有被看見的價值。

而在保險公司裡，學習是一部份、練習又是另一回事、操作又是另外一件事情，而能將這三者結合起來的人不多。我希望未來能夠改善這一點，對業務員和客戶兩端，都能獲得益處。

學習不設限，人生不設限

早期的醫學界認為：在四分鐘的時間內可以跑完一英里已經是人體的極限，無法再被突破。到了1950年代，開始有人想要打破這個「四分鐘一英里」的魔咒，而這種「異想天開」的行為在當時被認為是一項「不可能的任務」，就連當時的運動學家跟生理醫學家也都紛紛跳出來為「四分鐘一英里的極限」背書，宣稱：「你可以跑4分1秒，4分2秒，但是絕不可能跑到3分59秒！」

甚至傳言：「假如有任何一個人在四分鐘內跑完一英里，那麼挑戰的選手將會直接死在跑道上」，許多人因此打消了挑戰的念頭。但就在眾多專家們口徑一致，向世人宣告這個人體極限絕對無法被打破之後，不久，牛津大學的一位醫科生羅傑．班尼斯特（RogerBannister），就跑出了3分59秒04的全新紀錄。而在他突破這撼不動的鐵牆紀錄過後，不到半年的時間內，又陸續出現了七位跑者突破四分鐘大關。

一時間群情激動，躍躍欲試。自從所謂的不可能變成了可能之後，每個人都想成為世界最快的人。到目前為止，突破這個紀錄的人已經超過三百人。這個故事告訴我們，讓我們困在限制裡與突破極限的主因都是心理，而不是生理。

歷史也一直驗證了世界上不存在不能被超越的極限。人的骨子裡是有突破極限，挑戰自我的渴望的。而這樣的信念不是只有在運動上看得到，在人生上也是一樣的，只要我們願意，藉由不斷的學習，就能始終保持著不斷超越的能力。那也是為什麼，我期許自己成為「學習路上的人生無限家」，因為，我相信我們永遠能超越昨天的自己，我們的人生是沒有極限的。

學習是學問與智慧的轉換金鑰

對於人生的所有可能性與可行性，我從來不設限。因此我從花店跨足到完全不相關的房地產與保險業，都是因為我從不對人生說不，對我來說，沒有什麼事情是不能的，只有想不想學，跟願不願意做而已。任何機會到我眼前，我想著的就只有「試試看」沒有「不可以」，而這樣不設限的結果，總是讓我驚豔。

平心而論，如果《人生不設限》的作者力克・胡哲，以及電影《汪洋中的一條船》所描述的鄭豐喜先生，在先天身體有殘缺的情況下都能堅持做自己想做的事情，而且做到最好，那麼五體俱全的我們，實在沒有理由對自己的人生說不，對吧？當我們在過程中盡心努力，並且用樂觀的心態去看待結果，我們會發現，往往生命回報我們的豐厚遠遠超過我們的期待。

我一直到了保險事業之後，仍舊無時無刻不在學習，甚至可以說我目前依舊還在學習當中，人生的智慧無限，而要有智慧就要先有學問。學問就是把一件簡單的事情弄得很複雜；而智慧就是把一件複雜的事情弄得很簡單。學問與智慧之間的轉換是雙向的，盡心學習就是有效掌握轉換的金鑰。

無論在什麼地方都有值得我們學習的學問，都能開啟我們的智慧，也就是說，不管我們身處什麼樣的條件下，不要拘泥在身份地位與環境，只要用心，在各行各業中我們都可以學到東西，不管我們拿到什麼，都是禮物，都要好好的珍惜。老天爺不會給我們不需要的東西，這些我們所得到的，在未來都會有用得上的時候，因此，我常常鼓勵同仁，要學習、學習、再學習，永遠走在學習的路上。

此外，就像孔子所說的：「學而不思則罔，思而不學則殆。」能夠盡心學習是一件好事，但是別忘了，「學」與「思」是要並重的。因為學習是一種有目的的行為，畢竟不是安太歲，只要有學就有「波比」（保佑）。學習的過程中也要記得留給自己一點時間沉澱與思考。這就像是吃飽飯後要留點時間讓腸胃消化一樣，營養不吸收就浪費了食物，學習也是要吸收才有用，不吸收等於浪費了學習的時光。大餐雖然好吃，但是如果一直吃一直吃，結果除了撐飽肚皮，還會讓自己以後看到食物就怕，學習如果一直往腦袋裡猛塞，結果就是頭昏腦脹，還會看到書就累，嚴重影響了學習的「食慾」。

所以除了勸大家多學，我還勸大家要記得適時按下暫停鍵，讓學到的東西在腦海裡停留一下。思考、思考、再思考，休息是為了走更長遠的路。這世間的學問何其多，尤其是現代，要學的東西不斷推陳出新，但是學習就像吃東西一樣，貪多往往嚼不爛，硬塞猛吞不僅容易胃痛還會拉肚子，因此，要給學習一點「緩衝」的時間，才能學得好、學得久、學得深。

很多人看我對學習樂在其中，常問我：「學習的學費那樣昂貴，要多久才能回本啊？」我常告訴周遭的朋友，付了學費要賺回來，最好的方法就是分享。如果學到知識之後只有自己變好是沒有用的，要大家都一起變好，一起成長，才能變成一個更強的團隊。「教學相長」是有它的道理在的。因此，我不僅樂於學習、更愛分享，同時也鼓勵我的同仁們，用心所學，並且在分享中一起成長。

所以，我常常跟同仁說，我們要不吝學習，更要捨得付出。不要害怕給予，有捨才有得，學問是一種越用越值錢的寶藏，當我們給予的時候，我們也可以從教的過程中成長，因此分享、分享，再分享，多付出就是多得到。

3

人生理財三角，協助風險規劃

你的成就不可能大於你的計畫正確性，尤其是在財富的部份，因為金錢本身只是一種流通物，不能動，不能想，不能講，但當人們想要得到它而召喚它時，它便會應聲而至。

透過正確的理財能讓人更富有，但如果不理財的話，財富會在你不知不覺中流走。有人終生過著窮困的日子，原因就在於他們缺乏積累財富的正確計劃。一份好的規劃，你可以明白錢財的走向，知道它到哪裡去了，知道如何將它集中獲取更多的財富。

「理財三角」規劃

加入公司之前，我曾遇過財務危機，痛定思痛之下，我才明白做任何事情之前，我們都要超前部署，進行風險管理，而不是等事情遇到了，再來解決眼前的問題，那已經太慢了。所以除了人生風險控管，財務也要有控管。

有了之前的經歷，目前我則是將目光著重於「預防」。不一定要等到跌倒過後才知道痛，我們也可以避免自己蒙受損失，不論是個人保險，或財務管理，何不先提前規劃好，總比事後再來亡羊補牢好。

因為經歷過那種時刻，在和他人談到財務控管時，我也會分享我的例子，希望這種事情不要再發生在其他人身上。也因為自己痛過，所以對於財務，我有一些不一樣的想法。由於自己犯過財務上的錯誤，所以我利用自身經驗，將理財做了個「三角」規劃。一般人都是用倒三角形的方式在做理財，我以前也這樣認為，後來才發現這樣的方式是有盲點的。

倒三角型的理財方式，第一底層是投資，中間第二層是被動收入，在最上層才是工作收入。這樣的理財其實是有風險的，第一底層如果不穩的話，很容易影響到上面的收入。

以前我只要存了一筆錢，我就想要投資房地產，還有股票，結果將幾乎所有的收入所得全放在第一底層，然後遭受人生的大翻船。現在的我將工作的收入放在第一底層，第二層的位置再做被動收入，也就是搭配公司的組織制度，再加上每個穩固的定存月配息去產生出被動收入，在最上層才會開始去投資，去買有高度風險的商品，像是股票，這樣我的人生理財金三角才會穩固。

透過理財金三角的穩固搭配，才能生出第一桶金，如果你想要投資，也可以先用這個方式，先產出第一桶金，這樣財務三角才不會倒。

現在我的財務規劃，不只購買保單，也進行基金的定期定額配置，美股也有接觸，而美股的漲跌很大，但因為我已經做好財務規劃，就比較不擔心這部份。

我在跟人家分享時，也都利用「理財三角」這塊來分享。這個人生理財三角是我的人生經驗，如果有人想要利用保險來規劃，我也會提供這個方式跟客戶分享，希望客戶在賺取財富時，是穩紮穩打，減少不必要的風險。

觀念引導規劃

新聞裡，不乏出現身為家庭支柱，卻因遭逢意外臥病在床，不是沒有保險，就是沒有完善的理賠，看了令人惋惜。我不希望人們在遭逢意外的時候，才想到保險的好處，如果事先預防的話就能解決隱患。

有一次我去看一位朋友，他剛買了房子，看起來非常開心，我們不知不覺聊到房屋貸款這一塊。我知道那個朋友有兩個小孩，一個五歲、一個七歲，都還在學齡階段，出於職業本能，我替他規劃起來。

我問他：「你愛你的孩子嗎？」

他表示：「當然。」

「萬一哪一天，你沒有辦法回家，或是忘了怎麼回家，你的另外一半，有沒有能力繳納這個房貸呢？」他突然沉默起來。

接下來，我又問他：「那你有把握你的另一半有能力可以將你這兩個小孩扶養長大，直到成年嗎？」他也沒有說話。我跟他說，你是愛他們的，所以你才會買一個家，想要讓他們安身立命，但是這份愛只做了半套。他不解的看著我，我則繼續回答，我說：「你的愛是全套，但是就風險管理來講，你沒有做到全套。」

我跟他說，如果他的經濟條件可以，就做終身壽險，如果覺得不行的話，就做份定期的壽險吧！不管年限多長，或是金額高低，總是該給家人一個完整的保障。

假設他的房子是一千萬，至少要規劃一千兩百萬，如果哪天他無法負擔，或是有什麼我們所意想不到的事，另外一半拿到一千兩百萬，還可以繳納房貸，剩下的餘款還可以拉拔孩子長大，生活也不會有太大的改變。那麼，如果這些擔心都沒發生就不會有這些問題，但是我們要做最壞的打算。

在這之前，他跟我說他已經買了醫療險，也有長照險，我對他說，那是個人的，而不是保障家裡的。沒有人敢保證今天出門不會遇到狀況，所謂壽險，是用來保障活著的家人。

他表示他接觸到不同的保險業務員，沒有人這麼直接的跟他說這部份的風險轉移，我則表示，這種事情不能拖，因為房子已經買下去了就產生負債，他的責任更重大了！我請他把保單全拿出來檢視，再來看保額夠不夠？

我覺得這些都很重要，我在替他做風險轉嫁規劃，但只是口頭上跟他講，他不一定聽得進去，我還是利用觀念去影響並協助他去思索這部份，將風險規劃得更有保障，人生更圓滿。我會讓客戶自行去思考是不是要對自己的人生做安全風險管理？也會提醒他，規劃愈早愈好，規劃的時間長，規劃的保費就越少越可以達到客戶的經濟需求。

以終為始，以目標為導向，當下就要開始規劃未來的保障。

4 在事業上，不能缺少「良師益友」！

每位頂尖的 Top Sales 都異口同聲說，自己背後有一位或好幾位工作生涯的「友人、貴人和恩師」，在工作過程中不斷指導他們和大力提攜他們，直到能獨當一面。

所謂的「良師益友」，不只是資歷較淺的人，對於職場老鳥來說，有時除了自身的工作能力，想在職場上有所突破，往往需要「良師益友」，也就是貴人的提攜和指導。

用心觀察，處處都有「良師益友」

農村是一個社會的小縮影，以往村里中都有井，大家都會到井裡去提水，一家子從煮飯、飲用到洗衣、澆菜，生活大小事全部仰賴那一口井。能有一口清冽的水喝，要感謝的不是去打水的自己，也不是從井裡打上來的水，而是先前辛苦流汗的挖井人，他們願意多付出時間與勞力來換取更多人的幸福美好。如同路邊都有樹，走累了就在樹下乘涼休息，茂密的大樹可以遮風避雨擋太陽，有時還有果子可以解飢止渴，其實我們要感謝當初種下這棵樹的人，甚至要感謝當初把種子帶來的鳥。所以感恩帶給我們這一切的人，也正是所謂的「飲水思源」。

喝水、乘涼要懷抱感恩心，做人做事更當知恩圖報。以我為例，我在保險業，能夠走到現在，我很感恩當初沒有放棄努力的自己，堅持了我想要守護的理念，還有一路以來的貴人。

有次我演講完畢之後，台下聽眾問了一個問題：「為什麼我努力工作，充滿抱負，專業能力也在水準之上，卻始終業績不佳？」

他認為自己有抱負、擁有專業能力、也很努力，但是我們在奮鬥過程中，要脫穎而出，除了靠自己努力奮發向上之外，更不能缺少「良師益友」的指引和提攜。事實上，一個人是否會成功，不一定光靠自己的學歷、經歷、專業能力等條件，即使條件平凡普通，但是具有「親和力」，能結交各種有能力或有背景的人，懂得識人，知道怎樣選擇人脈資源，願意向他們虛心請益，那麼你的「價值」自然可以通過這些「良師益友」賞識得到大幅的提升，就算勢頭不好或時不我予，還是有機會「借力使力」，請「良師益友」助一臂之力以達成夢想和目標。

「良師益友」是生命中不可或缺的，然而究竟如何尋找人生中的的「良師益友」？其實不用算命卜卦、燒香拜佛，只要睜大眼睛注意四周，總有人會對你產生一些決定性的助益，這樣的人就是所謂的「良師益友」。

那麼，何謂「良師益友」？

1. 品德高尚，平易近人，受人尊敬。
2. 具有較高的專業水平和嚴謹的作事風格，還有強烈事業心和責任心。

3. 適時從旁給予鼓勵、挑戰和激發潛力。
4. 願意給予人們有益的指導和提攜。
5. 能積極為別人創造良好的環境和機會。
6. 能對別人給予充分關心和必要支持。

曾經連續12年榮登「金氏世界記錄」銷售第一的寶座，被認證為「世界最偉大的推銷員」的喬‧吉拉德（Joe.Girard）說：「我34歲開始做汽車銷售工作，當時沒有任何的溝通說服技巧，所以能成為全球最頂尖的推銷員，如果要歸功於某些人的話，我一定要說是我的業務經理佛萊德‧墨菲，他真的是我的『良師益友』。」

很多從事壽險的從業人員都知道的日本推銷之神「原一平」，十五年來一直保持「全國業績NO1」的記錄，他曾公開在自己的奮鬥史中，談到他的成功有百分之八十，要歸功於「良師益友」的提攜和栽培。

他在自己的書中談到：「他們教導我如何認識自己、改造自己、喜歡自己和抑制自己，怎樣有效地把自己推銷出去。我認為這些課題非常深奧，即使窮畢生精力學習，也未必能真正一窺堂奧。但是，他們簡單的幾句話給我的啟示，讓我常常茅塞頓開，獲益良多。」他們都是我在商場上的啟蒙老師和益友，在打拼奮鬥的日子裡，從他們身上學習到許多「做人做事」的道理，今天能有一點成就，完全是他們的提攜栽培。

所以，我們可以發現超級業務都需要「良師益友」提攜指點，更何況是我們一般人？所以，他們應該是對你「做人、做事」有指導和幫助的人，是你可以向他「推心置腹」的人。因此，從我們的「個人關係、社交圈子和專業網路社群」等放眼望去，他們當中有很多人可以都是「良師益友」。

成功關鍵：「如何尋找良師益友」的五大法則。

1. 找到良師益友的線索：時時打聽誰是同行中最傑出的人士，要有「堅持找到」的決心。
2. 千萬不要自滿：不要自大、自傲且目中無人，要虛心，要持續不斷尋找更好更棒的人，向他們借鏡，永不停止。
3. 願意三顧茅廬：多接觸、多拜訪、多聯絡，表達你虛心請教的「誠意」。
4. 禮節要周到：要請益於人，要懂得尊重與禮節。
5. 多想正面的結果：不要認為「借鏡」學習是一種辛苦的挑戰，多想「借鏡」成功後的喜悅、快樂。

有了「良師益友」，我們要如何向「良師益友」學習？方法很多，諸如近身觀察，看他們的書，聽他們的演講、教誨。但是，比起看跟聽，我認為開口「問」比較重要。英國哲學家培根說：「人們愈是賢明，愈彎著腰向他人請益。」不要覺得開口請教有失顏面，你一定要明白這個道理：問於人，一時之恥；秘而不問，終身之恥。學必好問，「問」與「學」相輔相成，非學無以致疑，非問無以廣智。因此，要向「良師益友」學習，就要先學會如何開口請教。

其次，要練好傾聽的功夫。有人說：「一個睜大眼睛的傾聽者，不但到處受人歡迎，而且會逐漸知道許多事情。」畢竟，憑別人的損失和經驗而獲得智慧的人，是最明智的。

不只如此，每個工作者要「天天學習」，要用心向長官、同事等一切內行人和「書本」學習，還要進一步虛心向「良師益友」學習，在工作實踐中，孜孜不倦「學習、思考、研究、練習」，因為一個優秀的工作者要將經濟、文化、科技、政治、法律、外語等學科以及行銷相關知識掌握到位，而且訊息時代知識日新月異，需要「與時俱進」以應付各種挑戰，要達成這個目標的保證就是「勤學苦練」，不斷厚植知識功底，提高自身修養水平，讓成功自動找上門。

以人脈獲得積累財富之力

良師益友在人生當中佔了非常重要的一部份，但是，人生在世需要建構圓滿的關係，要達到這個目標不只是要有良師益友，還要有充足的人脈，而且人脈還是連結人際關係和財富的渠道。

人脈可以提供積累財富的基本條件「力量」，然而，要是沒有足夠的力量將計畫轉變為行動，那麼計畫就是空中樓閣。這裡所謂的力量指的不是蠻力，要為「力量」下一個定義的話就是：有組織地經過團隊指導的共同努力，這樣做足以使一個人把他的欲望轉化為財富。兩個或兩個以上的人，為了同一個目標，在合作的狀態下共同努力，就能產生有組織的「力量」，即成為團隊。

積累財富需要這種「力量」，而這也就是我們常說的把「人脈轉為錢脈」的深層含義！如何將自己的人脈轉化成有共同目標的「力量」，可以共同攜手合作去累積財富，要知道如何獲得這種「力量」，就要先認識知識的來源：

1. 智慧：如創造性的想像力等。
2. 積累的經驗：可以從圖書館和課堂上得到人類積累下來的經驗。
3. 實驗與研究。這是科學每天都在向人類提供的事實與經驗。

理解知識的來源之後，只要憑藉知識制訂計畫，將計畫付諸行動，就可以把知識化為力量。從這裡也可以看出，只憑一個人的「力量」彙集知識用以制訂計畫，會遇到很大的困難。如果他的目標很大，那麼他在制訂計畫時就必須與人攜手合作，用集體的智慧來形成「力量」，也就是依靠團隊，進一步來說是依靠集體知識與智慧，由此而凝聚的「力量」將是巨大的。

為了使你能深刻瞭解團隊所能給予你的「力量」，我們先在這裡解釋團隊的兩個特性：其一是經濟性，其二是精神性。關於經濟性的一面，任何人只要可以獲得團隊全心全意協助，給他建議、忠告及合作，就能從中取得經濟利益。這是所有巨大財富積累的基礎，瞭解這點就能決定你的經濟地位。

團隊的意義從下面這段話可以看出端倪：「兩個人的心智放在一起，就會產生第三種看不見的無形力量。我們可以把它比作第三個心智。」人的心智是一種能量，它有一部份屬於精神性。當兩個人的心智在和諧的狀態下相融合的時候，他們的精神便結合在一起，構成團隊的精神特點。

深入觀察所有積累龐大財富的人，諸如一手打造網路巨頭亞馬遜的傑夫·貝佐斯、特斯拉汽車創辦人伊隆·馬斯克或是鴻海集團創辦人郭台銘等人，他們能擁有如此龐大的事業版圖，不只是靠一己天賦才能和知識，還有一群出策出力的團隊在後面支持，也就是唯有依靠團隊的力量，才能達到如此令人稱譽的成就。所以，要積累財富，人脈是絕對不可或缺的。

第四章

以利他的心，在招募中快速獲得認同

1 善用公司制度，劃出成功捷徑

在事業上想要有所成就，或是在短時間內完成目標，只憑著一股衝勁與熱情是不夠的，如果要完成目標，接下來的每一步，就必須要踩在正確的道路上。

鴻海創辦人郭台銘曾經說過：「成功的三部曲——選好策略、下定決心、用對方法。」要在壽險工作上有一番作為，投入時間是必須的，但策略才是真正的關鍵。策略的重要性不容小覷，卻往往容易被人忽略，因此，在投入一份事業之前，要先規劃自己的工作策略。好比同樣到目的地，中間走的路有所不同，直接影響到達終點的速度。

別讓努力只是美麗的誤會

初進一家公司，你會想了解什麼？除了公司理念之外，應該是薪資獎金、出勤規則吧！因為這影響到一個家庭的生活，然而，大家似乎比較少主動去關注公司的升遷制度，或是知道公司有升遷制度，總認為升遷制度這事還要很久以後才會和自己有關聯，因而忽視了這個部份。

對於只注重權益與福利，而不了解公司的升遷制度的人而言，等於就是忽略了事業策略的重要性，怎麼說呢？

想要達到最終目標，就要先設定達成不同階段的里程碑，而不是做了再說，才不容易中途放棄。以我自己為例，剛進公司時，看到了「同工不同酬」的現象，讓我下定決心要深入了解公司的制度，成為正職人員。當我真正進入公司之後，我發現晉升主管的獎金又與一般員工不同，在不同的職階所要承擔的責任額也不同，職階越高責任額也越高，同樣的津貼也會跟著提高。

在過程中我也注意到公司晉升職階的位置有人數上的限制，而晉升職階有兩個標準，第一個是團隊的業績量要大，第二是增員的人數也要夠，兩個標準達標就能再晉升一個階級，因為注意到公司的制度，所以我除了達到自己該做的業績，也特別注重增員的部份。

目標就像一個羅盤，當我們的目標越清晰，就能夠為我們所要做的事聚焦，進一步來說，清晰而又有說服力的目標不僅能為個人，甚至能為團隊提供方向，所以我們每天可以捫心自問：接下來要做的行動、活動或專案能讓我們朝實現目標向前邁進一步嗎？如果不行，就不要把時間、精力和金錢浪費在上面，讓努力變成美麗的誤會。

在釐清公司的升遷制度，還有提供的雄厚資源之後，我開始善用公司的資源來提升自己的組織，並一一達成設定的目標，爾後每半年就往上跳一個職級，並在七年內達到六次的百萬圓桌協會（MDRT）記錄，穩扎穩打的奠定我的「事業」根基。

借力使力開設「本店」與「分店」

一般人在開創事業時，很難一開始就有豐厚的資源與資金，不管是專業上的知識或是廣闊的人脈，甚至是談判技巧等，但是，如果懂得善用公司資源，為公司創造佳績，自然就是互利互惠的事情。

在加入保險行業時，因為新人在半年內每個月有一萬五千塊的財務補貼。對於在衝刺事業的人來說，公司不僅提供教育訓練，還有財務補貼，這確實是一個良善的制度，因此我非常希望趁這個機會，來了解保險究竟是在做什麼，給自己一個發揮的空間，所以，我藉由公司的制度和資源，開始規劃我的保險事業。

既然把保險當作自己的事業在經營，首先我思考的就是如何尋找適合的合作夥伴？不管是透過公司的增員制度，還是自己去拓展組織，都必須花費時間與心力培育新人。這家大型金控是個老字號的公司，它能夠這麼穩健，又具備規模的一個原因就是有一套完善的保險教育系統，因此每位新人都可獲得相同的教育訓練，而我只要在新人需要我，或是感到困惑時輔導他們，分享我的經驗、我的資源。

透過自身成功的經驗，所以在增員時，所採取的概念就是開拓「分店」。讓每個人學到我所學習的事物，讓大家擁有超級業務的能力，讓我們成為連鎖店的關係。我用「事業」的概念來經營我自己以及團隊，不管進入到什麼樣的公司，如果明白公司裡的資源能夠為你使用，借力使力，而你也充分去了解它，對於自己的發展是很有幫助的。

前提是，你是以老闆的心態，還是員工的心態去從事你的行業？

一般人之所以沒想到這一點，是因為他們覺得身為員工，就只能做著員工的事，而沒有做出「開創」的事。當我們不將自己視為員工，而是去主導、去開創，將你的工作以「事業」的心態去面對，才能拓展未來。

放大自我目標，挑戰職級晉升

一個人想要在事業上有所成就，就要不斷自我挑戰與超越，所以目標不要設定太小，要放大一點。所以，我在一開始從事保險的時候，就設立了我的目標，除了要擺脫「同工不同酬」，同時，還立定成為公司的主管。我們不能空有夢想，還要有「執行力」。

我明白想要成為什麼人，就必須具備成為那種人的能耐，所以目標定出來了，就是要腳踏實地前進，否則，就淪為空想了。因此，我也不停的鍛鍊自己，我在明白公司的制度後，就朝著我所設立的目標前進，在進入壽險業三年半後，就順利晉升到我所期望的管理職。

在接觸保險初期我就制訂出大目標，並循序漸進，將長期目標化為短期目標，且一步步的執行。因此，我大量學習、不間斷的執行力，不管是金融財務資訊，還是相關法規，並積極考取相關證照，這些都有助於將我塑造成「專業」的形象。只要配合公司，透過內部的完整學習系統，免除了新手的許多困擾。

在這期間，我用心研究公司制度，注意到了不同職階，不同津貼，這點也增加我的動力。職階越高，相對的，責任額也越高；位置愈大，要做的事也越多。我不擔心緊接而來的壓力，因為不管處於什麼行業，都一定會有不同的成長壓力。

目標確立之後，我會為了這個目標全力以赴，心想：既然要做就做最好的。透過公司的資源，從業務員開始，一路挑戰，晉升到行銷業務端最高的職階。我運用公司的晉升制度，來完成我的目標。職位上的升遷除了帶來財富自由，還有擁有成就感，而為了達到這個目標，我們會督促自己不停的往前進，提升專業度與素質。

想要晉升，就要更用心學習不同的專業，公司提供穩健的平台，而保險商品是滿足客戶不同狀況的工具，你能掌握的工具越多，就越能協助你晉升。就像我目標想成為主管，就會認真去分析在這半年內，我必須要怎麼做？或是需要達到多少業績，才會讓我向上升一級？當我想要路也正確，完成業績或公司規定的組織數，設定的目標也就達成了。

「制度」就是我的工具，了解制度、靈活運用制度，你所付出的努力，就不會白費。

不要害怕作夢，如果你想要什麼樣的結果，就將目標設定大一點，再將努力聚焦，這也是我不斷強調的，努力要有方向才會有效益。如果你明白那個目標是你花心力，付出努力，並且搭配正確的方式就可以得到，你還會拒絕嗎？

2 秉持「利他」信念，積極廣納新人

有一群與自己有共同願景的夥伴們組成團隊奮鬥，這樣的光景是有心在深耕事業的人最大的夢想。若要建構一個團隊，招兵買馬找到認同自己理念的人是必要的，所以「增員」成為建構一個團隊最重要的一環。

一個團隊要有共同理念才能齊心協力為共同的目標努力。所以身為領導者，需要尋找認同自己理念的人加入團隊，而領導者的信念和個人特質左右一個團隊的運作。如果秉持的是保險業最重要的精神「助人」與「利他」，那麼會找來的團隊成員就會具備「助人」與「利他」的人格特質。

增員的信念——「助人利他」

曾經面臨債務問題的我，因為姊姊的一句話，而開啟了我的保險事業之路，也因為自己曾經面臨過生活青黃不接的狀況，深知這樣的生活是不容易的，所以我希望在我有能力的時候，可以發揮「人飢己飢，人溺己溺」的精神幫助他人成功。因此，在我成為主管，開始建立自己的團隊之後，不只在找志同道合的人選，如果對方有困難，我也會伸出援手。

所以，假使要問我的增員的技巧是什麼？我認為，無論是銷售或是增員，都要秉持一份幫助他人和利他的信念。

基於「助人」和「利他」的信念，在拜訪客戶時，聊到客戶或客戶的親朋好友在找工作，或是這位客戶是理想人選，我都會直接詢問對方的意願：「你要不要跟我做保險？」「你願不願意進來跟著我學習，我會親自教導？」

如果是待業中的人，我會先了解他之前所處的產業和工作性質，並且告訴他做選擇時是要選擇對的事情而不是把事情做對，希望對方不要為了急於找工作而立刻答應，因為如果他對於我們的行業及熱情沒有正確的認識，只有認真做事卻無法真正了解這份工作的使命，加入團隊只是浪費彼此的時間，也無助於團隊的進展與成長。

除了招攬，有時我也會提供獎勵金鼓勵客戶的小孩們去考保險證照，等證照考取後進入公司，由我繼續帶領他們學習銷售，期間我也會用不同獎勵方式做為鼓勵，來增加他前進的動力，客戶看到孩子的改變，對於我的鼓勵方式也很感動與認同，覺得這個主管是發自內心真誠的去帶領與教導他的孩子。

我有個客戶的兒子是從小看到大，從他小的時候我就跟他的媽媽說，等他長大後來跟我做保險銷售。等到這小孩長大的某一天，他媽媽打電話給我，說小孩現在跟爸爸的相處關係很差，整天悶悶不樂也不說話，只會躲在房間裡，她很擔心兒子會有憂鬱症的傾向，因此委託我試著去引導他。

和客戶的兒子對談後，他表示願意跟著我做保險銷售。我就把他帶在我身邊，讓他跟其他人一樣一起學習。觀察他進來一陣子的表現，我發現他開始見到人會主動微笑打招呼，慢慢接觸的人變多了，對自己也逐漸產生自信心，個性也變得開朗起來，和家人之間的相處關係也不像之前那麼緊繃。

讓這些在保險業的明日之星們找到一份能夠持續做下去的熱情，同時在人生當中有所進展與突破，確實是一件「利他」的事，無論是對客戶、這群年輕人還有我自己都是一種「三贏」的局面。

我覺得增員跟銷售一樣，起心動念都是「助人」，當你希望這個人能夠成長並且有所進步，自然也會傾盡全力去幫他，如果在招募的時候，出發點也是著重在於「助人」，所吸引而來的也是善緣。

像我自己的家人在開修配廠，每個月都要擔心薪水發放，擔心房租。我想招募他進來，剛開始一定會因為沒有業績和收入而感到不安。我跟他說：「你這修配廠也開了十幾年，每個月都能準時繳交房租、付薪水，這樣都可以維持二十年，今天你來做保險，只需要投入時間，還不用另外拿一筆錢出來，那還有什麼好害怕的？」他想想覺得有道理，就過來成為我的同事，後來也做到行銷總監。

把時間花在「要」的人身上

我過去增員主要以客戶的孩子或是請客戶轉介紹為主，這是信任感的延續，所以介紹進來的人員，素質與觀念也不會差得太遠。然而，因為增員對象其實主要仍來自於認識的人脈，若考量到拓展團隊的規模，其實現在這套增員模式有調整的必要。我後來發現，想要讓我的增員人數倍增就要加快增員速度，所以目前會以既有的增員模式搭配刊登網路人力銀行求才的方式進行。

關於利用人力銀行管道求才方面，如果一開始就能夠找到可用之才，尤其是所謂的「超級業務」，不僅可以維持甚至提升團隊素質，而且培育人才上面也會比較有效率，因此，我會利用人力銀行裡的推薦名單尋找具有「超級業務資質」的人才，我會透過這些推薦名單，大量的打電話連絡與募集這些專業業務。

有些同行為了增加團隊人數，可能會有「先把人找進來再說」的盤算，基於這樣的選項，他們接受招募的人可能有良莠不齊或與團隊理念不合的風險。我則是採取開門見山的做法，開誠布公告訴他們為了擴展組織，目前需要專業業務。我直接向對方提出我的需求，他們如果有興趣自然會願意與我合作，我相信坦誠才不會浪費大家的時間。

如果對方有興趣，在招募的時候，我也會問他們「想要」還是真的「要」做保險？「想要」可能取決於當下對於一件事物的慾望，時間過了慾望就會消退，「要」的態度則是持續與肯定。想當然爾，我們所需要的自然是發自內心「要」和我們一起打拼的夥伴們。

今天我在一家追求永續發展的公司，不是單求個人的溫飽而已，還要對我的客戶還有團隊的夥伴負責。我一直都是盡心努力的在帶領團隊的隊友們邁向目標，因為我要把時間花在「要」而不只是「想要」的人身上。

關於招募，我始終抱持開放的態度，不會限制增員進來的人有什麼樣的身家背景，只要他們有意願進來我的團隊，就可以一起合作，但個人人生發展要如何延續？正所謂「師父領進門，修行在個人」，我會讓他們去思索如何發展自己的未來，不會特別干預他們的發展方向。

為新人建立正確信念

團隊的夥伴要有共同的理念一起打拼，這樣團隊才能永續經營，所以在增員新人進來時，我總是會不斷要求新人確定好自己的定位：「你們進來的目的是什麼？你的市場在哪裡？」然後再三跟他們耳提面命「進來這個團隊不是讓你來這邊交朋友的，真正的銷售市場是在外面。」

如果無法讓他們打從一開始就清楚自己的目標，了解參與這個團隊的目的在於透過發揮保險專業助人，很有可能他們會把焦點放在我們團隊為了凝聚士氣所舉辦，相對比較輕鬆的活動，像是出外旅行遊玩等等，因而誤以為我們只是吃喝玩樂的社團，如此一來也就失去增員的意義。

公司是間規模相當大的公司，除了讓他們知道在保險業追求的目標之外，更要讓他們明白傳承的意義。因此，我總是會再三跟他們強調，公司內部資深員工大多是年紀輕輕就已經開始從事這一行，而且因為公司運作穩健，讓他們一待就是幾十年，等他們退休就會留下許多服務件，公司將撥放給其他新人去跑單接觸，新人就可以承接這些服務件資源繼續做下去，以最快的時間讓自己盡快上軌道。

除了有豐沛資源，傳承也正是大型保險公司，尤其是我們公司的最大優勢，如果是在其他產業或是規模較小的企業，就無法先從接手資深員工留下來的資源「練功」提升自身實力再到市場上闖蕩，而是需要從無到有重新開創，相對來說風險較高也很容易因此得面對在市場上碰壁的考驗。若是能夠借力使力善用這些資源，如此一來新進團隊的夥伴就可以用最短的時間讓自己真正上軌道。

3 安定新進夥伴，發揮團隊增員戰力

來自增員的新人在進入團隊之後會面臨兩大挑戰，分別是家人認同和支持與否，以及在進入團隊初期的成長期是否能夠獲得真實的關心與協助。如果能夠順利突破這兩項挑戰，有志在保險業奉獻一己之力的新人，就能毫無後顧之憂的在保險業展開自己的旅程。

剛進團隊的新人要突破這兩項挑戰除了靠自己，主管在這個過程當中也需要發揮同理心，在新人有需要的時候適時給予協助，讓他們能夠順利突破這兩項挑戰，而當新人能力成長到一定程度，如此一來將能夠順利成為團隊不可或

缺的重要戰力。

讓家人的「認同」成為新人後盾

我增員的對象很多是客戶的小孩，因為這些客戶會買保險、懂保險，而且和我比較熟稔，所以對於自己的小孩從事保險的接納度比較高。然而，如果是另外增員進來的對象，他們的家屬不一定能接受保險業，未必知道自己的孩子想從事保險業，所以遇到這樣的屬員，我會親自登門拜訪這些屬員的家人。

如果一個新人已進到我的團隊，但是家人遲遲無法認同或是採取質疑的態度看待保險業，這會讓這位新人的信心受到打擊。有鑑於這一點，我會找時間讓他們的父母以至於家人分享從事這份工作的發展性，並去分析保險產業的前景及未來性，通常家人只要全力支持，就會成為這個新人最堅強的後盾，甚至幫他轉介紹，讓他不需要擔心客戶來源在哪的問題。有了家人的認同作為靠山，對一個剛起步的新人絕對是莫大的幫助。

如果團隊新人的家人對於保險業有誤解，進而反對這位新人從事保險業務工作，要解開這樣的誤解，新人自己需要盡力去溝通，讓家人理解保險真實的意義。此外，對我來說，身為一個團隊的領導者，若能直接透過接觸新人家人，讓他們對保險的真實意義有一個初步的認識，對於新人來說也更容易讓他們和家人溝通進入保險業這件事。

在團隊新人願意去跟家人開誠布公，談論加入保險業的前提之下，身為團隊領導人，擔任一個可以讓對話變得更加順利的推手是必須要執行的舉動，當主管與新人雙方都願意努力與家人溝通對話，必然可以讓家人真正感受到想要在保險業助人與發展事業的那一份熱忱。

提升增員新人戰力：真實的關心

業務是流動率高的工作，有些團隊成員之間不合，也有一些保險業務基於像是公司待遇不佳等理由而不時跳槽，這些行為會讓公司內的員工產生人事更迭頻繁的不安定感，更是容易讓新人為之卻步，進而影響增員效率。

為什麼有些單位會覺得增員的效率不夠好，即便增員進來後，人員定著力又不足或是會覺得沒辦法培育？除了公司內部人事因為流動率高或是內鬥產生的不安定感之外，我認為還有一個原因，那就是所處單位的人冷漠而缺少同理心，無法設身處地體會初來乍到組織的新人真正的需求是什麼。

關於一個單位的人缺乏同理心的問題，我到各單位演講時都會用同理心的例子來做分享。相信許多單位同仁們都有小孩，如果他們的孩子是個社會新鮮人，當他進到一個新職場時，會不會希望他的身邊有資深前輩能夠照顧你的孩子？當他處於摸索期，如果遇到不懂的地方或是遭受挫折時，會不會希望身邊同事能指導關心一下那位孩子？透過提問，讓單位同仁們換位思考，同時也提醒他們，如果增員的新人到單位的時候，能夠抱持一份同理心，少點冷漠多點溫暖去關切和照顧他們。

因為我團隊裡的每位成員都是我一個個增員進來的，所以我和成員之間的向心力會比較強，而且因為他們是我直接面談找的人選，所以我會全力照顧他們。他們剛進來我的團隊時，我都會事先幫他們做好心理建設，幫他們重新架構腦袋裡的思維，告訴他們從事保險業務的首要條件就是要能夠堅持，而且要持續的強化自己內心，因為在面對客戶銷售時，被拒絕的次數一定比被接受的次數要多。不只是建構他們的思維，我也會在他們面臨失敗時適時的關心，讓他們感受到關懷的溫度，陪伴並幫助他們渡過低潮。

增員困難的四大主因

在增員過程中，也不乏聽到有主管表示增不到適合的人，要不然就是覺得增進來的人員難帶。然而，如果發揮「同理心」進行換位思考，其實就可以發現造成增員不順利有四大主因。

首先，擔心無法勝任保險工作是第一個原因。保險業重視成交與否，如果心理素質不夠強的人從事保險業務，很容易因為需要頻繁與他人接觸，以及經常需要面對各種被拒絕的狀況，擔心這樣的狀況發生而影響表現。

抱持著可能會做不好的心態，以一種心不甘情不願的態度做事，自然很難將事情做好，一旦經常被拒絕而且又達不到公司考核的標準，就無法對工作產生成就感，最後就會心灰意冷離開保險業界，這是第二個原因。

第三個原因則是因為他們不了解保險制度可以帶給他們什麼，因為不了解保險制度的真正精神，發現實際上的保險業和自己想像的狀況相差甚遠，自然無法打從心底對保險業產生認同，於是大失所望而告別保險業界。

最後一個原因，就是當他們跟著增員他們的人進來，在他們還沒有離開之前，原本增員他們的人就先離開公司以至於業界，在這種狀態之下所產生的遺棄感會讓人無所適從。

針對讓他們產生顧慮的四大原因，就要一一去消除。首先，每次做不好而無法成交的時候，檢討背後是什麼原因，一旦原因找出來，第二個問題也就跟著迎刃而解。關於第三個問題，在新人剛進來時，就要把公司的制度，還有對他們有利的事，全都告訴他們。第四點，如果增員他們的人離開的話，也要給他承諾，向他保證自己可以成為他可以信任的人，降低被遺棄的不安全感。

找出增不到人的原因，試著從他們的角度切入，找到改進辦法並且以他們的思維投以關懷和照顧，才能增募到人員。

第五章

以進取的心，在競爭中蓬勃發展

1 善用團隊效應，激發個人潛力

全球最大零售商沃爾瑪（Walmart）創辦人山姆．華頓（Sam Walton）分享過一句話：「管理的任務就是找到合適的人擺在合適的地方做一件事，然後鼓勵他們用自己的創意完成手上的工作。」所以能讓團隊每個人適才適所的責任就在於主管，其思維與格局會決定一個團隊是否能順利發揮其功能

一個成功的管理者不是要將他的部屬們變成一群完美無缺的人，而是要發揮每個人的長處，在團體中「截長補短」，才能讓組織發揮應有的功能。所以，一個主管所要做的不僅止於領導統御，而是引導每個成員發揮自己的才能與潛

力並帶動整個團體進步。

主管思維與格局決定團隊運作

現代管理學之父彼得・杜拉克（Peter F. Drucker）表示：「具有成效的管理者善於用人之長。」人的大腦如果是一台電腦，那麼想要處理巨大的資料程式，十台電腦所產生的效率毫無疑問要遠遠大於一台電腦。因此，集中大家的智慧，一組以和諧精神結合在一起的大腦，要比一個人的頭腦產生更多的創意。集體的力量，也可以啟發每一個人發想更多新點子，讓集體的智慧供他所用。

印度的國家英雄——甘地，他促使兩億人民同心協力，在和諧的精神狀態下，為了一個共同的目標而努力奮鬥。在這種意義上，甘地是完成了一個奇蹟，使兩億人民團結了起來。如果你不相信這是個奇蹟，那麼你可以試著讓兩個人為一個目標團結起來，看看這是多麼地困難。

帶領過團隊的人都知道，讓所有人和諧地工作，是一件多麼不容易的事。因此團結，集全體的智慧於一起，向著一個共同的目標努力，乃是力量的最大來源。

在新冠疫情期間為了避免人的接觸，有機會在老家田地種植作物，在這過程當中，我就發現到，其實種植農作物跟經營團隊的道理是相同的。主導團隊運作的主管就像是農夫一樣，不只要像農夫清晨巡田水一般永續經營客戶，而且還要如培育與照顧農作物一般細心呵護、照顧與關心團隊。

要真正做到關心與呵護團隊，就必須將心專注於每位成員的成長過程身上。一個團隊裡有那麼多人，每個人的專業能力自然表現不同，比如有些業務人員熟稔保險法規，有些業務人員的強項則在於實務經驗，如何善加運用在團隊裡面的這些業務人才，就看主管如何去調配與整合。

主管不是只享受權力以及注重每個月創造多少業績，更要懂得自己的職責所在，明白團隊成員的特質，同時也要清楚他所做的每一個決定還有所說的每一句話，對底下的人有什麼影響？換句話說，主管不單純只是發號施令的人，而是能帶領團隊共同前進的人。

品質管理大師戴明（W. Edwards Deming）說：「領導者的任務是創造一個可以讓他的同仁樂在工作，發揮他們的才能和潛力的環境。」所以，身為主管要做的是領導者而不是管理者。關於這兩者之間的差別，管理者是站在上位指示成員要如何去執行，領導者則是親身帶領成員一起執行。因此，如果帶領團隊要獲得成員們的認同，主管必須成為團隊成員的表率引導他們，而不能只是純粹看重業績能力，因為管理團隊時首要的是要先帶人心，才能讓團隊團結起來衝刺業績。

除了以身作則，我也會善用團隊的力量來激發他們的戰鬥力，在不同的階段設立不同的獎勵方式，比如當月若有兩個人的業績沒有達標，我會在單位裡宣布獎勵辦法，如果全員的業績能夠 100% 職達，我們就去吃大餐，至於能不能去吃到大餐就看大家的努力了。之後我也不用每天去盯著他們的業績，因為同仁會主動互相關懷催促，未達標的同仁不想拖累團隊會因此更努力的去衝刺業績。

上位主管的思維格局需要夠大，不只要當成一份事業，還要把團隊同仁當成是創造雙贏的經營夥伴，因為團隊創造出來的成績並非主管一人獨力所能完成，而是眾志成城的成果，所以主管也要願意與團隊成員們共同分享整個團隊所創造出來的利潤。舉例來說，在這個工作月我看到大家已經做到 300P 的業績時，我會跟他們說，現在已經是 300P 了，如果你們全部都能達到職達 65%，我就會拿出三萬塊的獎金來發放，請大家不要替我省錢。

當獎勵訂出來之後，團隊成員們就會習慣性各自去激勵夥伴來達成目標，我善用團隊的共同力量來讓同仁們發揮他們共同的潛能，看起來好像從口袋裡拿出了三萬塊，但因為有著榮譽心與獎金利益的誘因，能夠引發大家創造業績的動力，進一步聚集大家的向心力，從而取得亮眼的業績。當團隊成員都非常挺我，而且大家心念一致屢創佳績，其實我得到的回饋反而是最多的。

成員同心互助解決問題

正所謂「一個人走得快，相互鼓舞下一群人走得快又遠」，面對客戶時，如何有效整合並利用團隊的力量，除了可以讓客戶明白團隊成員對他們無微不至的照顧與服務之外，運用群體力量共同分工運作各種服務項目，也讓客戶明白，在發生理賠事件時能站出來服務他的其實不是只有一個人，而是一群人。

站在客戶的立場，如果今天他出了事，找他原來的業務員，這個業務員恰好有個人因素遲遲不來，或是愛理不理，這樣就很容易失去這個客戶的信心。不過今天如果這個業務員剛好有事，或是無法在最短的時間內為客戶解決問題，透過團隊的力量協助，快速協助申請理賠，問題就可以迎刃而解。

想要永續經營，就要整合團隊的力量。因為一個人帶領一個人的關係，客戶可以接受你在工作過程中帶領新人，對新人來說，也是一個加強學習，觀察前輩的機會。對客戶端而言，有著雙層服務，不至於形成斷層。其實只要用點心思，在長期經營的角度之下，讓客戶和新人做良好的溝通、互動、連結，客戶看到團隊的互相協助，將來會更加信賴團隊，團隊建立的意義功能與保險的理念才能貫徹下去。

善用團隊力量將眾人的力量凝聚起來推動目標，比一個人前進快得許多。例如：一個人最多只能種一排苦瓜收成有限，但如果是通力合作經營一片苦瓜園，光照、澆水、除蟲各司所職，以收成苦瓜為目標的話，能種植的量與收成的良率，肯定比一個人種植與收成的數量還要來的得多，能夠吃到品質兼顧的苦瓜，也就是讓越來越多的團隊成員，都能受惠於團隊力量的影響。置身於榮耀之中，身為團隊的一份子，都能夠深刻感受到團體的力量。

建立一個有品牌的團隊，能讓組員們感受到團隊相互牽引強大的正能量，就能加快增員速度，增到的超級業務也會越來越多，能夠種植越多苦瓜，好好看顧於培育幼苗，可以收成的苦瓜就會源源不絕。

所以我經常跟我的團隊成員說，當他們踏出公司大門的那一刻，已經不是代表個人，而是代表整個公司，也是代表著我們這個單位的品牌。我們和團隊之間的關係已密不可分，所以團隊成員們不只要善用團隊力量，也要清楚團隊的事就是自己的事，如果完全不把團隊的事當一回事而只顧自己，最終就無法享受收成的美好成果。

2

不斷自我調整，精益更要求精

一個人對待人事物的認真程度，代表著對於人事物的重視程度，當一個人對於人事物的態度是認真的，就意味著這個人非常看重其遇到的人事物。因此，如果一個人對人事物認真，自然也會看重自己的言行舉止，甚至會將人事物擺在第一位優先處理，所以一個人對自己認真的程度，意味著對自己看重的程度。

正因為自己願意看重自己身為領導者的價值，所以會投資自己，透過不斷調整自我厚植自身實力，不只有助於團隊發展，自己也能擁有可以隨時帶著走的能力，無論是強化涉及自身專業或是其他領域的知識，都有助於提升自我。

不僅如此，以領導者之姿帶頭學習也可以帶動團隊整體的學習風氣。

對他人認真，對自己看重

我曾經在一個單位演講，有人過來跟我打招呼，對我說我上回演講中講過的一句話讓他印象深刻，問我還記不記得那句話。對方那時候帶給我的感覺是一個非常「認真」而且願意學習的人，所以他會把我之前說過的話記錄下來，這點讓我感受到認真做每一件事，的確會吸引認真的人與我討論。

我待人處事總是秉持著認真的態度，不管對方分享什麼，只要時間充裕我都願意傾聽，同時也會認真回應對方所說的話，養成這種習慣之後，在拜訪客戶時也能專心傾聽客戶所要表達的每句話，透過良好互動獲取客戶足夠的信任感，為什麼客戶會願意信任我？因為我讓客戶深刻感受到我做事情的認真態度，就算客戶今天沒有跟我買保險，我仍然認真且帶有誠意的對待客戶，願意為他解決問題，不會因為無法得到金錢上的利益而怠忽對方，所以能贏得客戶的喜歡與尊重。

其實，對於人事物的認真程度，也象徵著對自己看重的程度。如果一個人對自己夠認真，自然也會看重自己的行為和承諾，並且履行承諾。所以認真不是只有說說而已，還要確實身體力行才能得到信任。舉例來說，如果有個人本來一天抽三包菸，下定決心戒菸，不只成功戒菸，並且逢人就分享戒菸的好處，自然而然能讓人信服。反之，如果一個人邊抽菸卻又一邊高談戒菸的好處，這樣一來就會因為言行不一而產生自相矛盾的狀況。

認真的人看重自己且言行如一，所以不需要太多言語也能夠帶給他人影響。就像一句話：「認真做事只是把事情做對，用心做事才能把事情做好。」我們不只待人如此，對事業更要抱持認真的態度，如此才能創造成功的契機。

投資團隊前先投資自己

團隊的每個人都很重要，領導者更是扮演關鍵角色。所以將資源投注在團隊之前，可以先投資自己，讓自己學習並且不斷厚植自己的實力，如果自己身為領導者都無法看重自己，更遑論看重他人。試想，開一間店也要先拿錢投資，卻未必能保證穩賺不賠。然而，投資自己的腦袋並提昇腦袋素質，不止到哪裡都不會餓到，而且相關知識在你的腦袋裡，你的能力是可以帶著走的。

投資自己可以從涉獵知識下手，像是充實自己在保險以至於金融方面的專業知識，無論是上坊間課程，或是重拾書本回歸校園都能達到這樣的效果。不只保險專業知識，其他生活上各種相關事務也非常值得學習，不用學得精，起碼生活上各種議題的涉獵範圍要非常廣泛，在跟人家聊天時也比較能言之有物。

學習對於一個人是否能夠不斷進步是非常重要的。宋朝知名文學家黃庭堅曾說過：「士大夫三日不讀書，則義理不交於胸中，對鏡便覺面目可憎，向人亦言語乏味」，當你一天停下來沒有進一步學習可能沒感覺，過了一個月可能也不會有太大的感覺，但是過了一年後，就會開始感受到明顯的落差，這時候想要急起直追已經顯得欲振乏力了。

正因為怠忽個人層面的學習會延緩自己的成長，若是自己是團隊領導者，延宕自己的成長也同樣是在拖延團隊的成長，所以我必須不斷求進步，把時間聚焦在對的事情還有對的位置上，在學習過程中持續吸收經驗，不斷創造業績，才能從中穩定求生存。

一個單位能創造出好的業績並不是只單靠主管一個人就可以達成，團隊成員的能力也要夠強，當這個主管的能力、操守、格局指數樣樣強，被帶的人就能信服這個主管，讓團隊裡那麼多人都能認同你，就更能夠凝聚團隊的向心力。

所以我常常跟團隊的成員說，不要覺得我有什麼了不起，我只是選擇跑在你們前面，因為我不是一個停滯的人，我會不斷的自我挑戰，讓自己的人生更精彩。

成為強者以吸引強者

保險業和一般產業的運作不太一樣的地方，在於一般人在選擇工作時主要不是選擇公司，而是選擇帶領他入門的主管。所以每個團隊在增員時都會希望能增員到超級業務，為團隊注入能量，但是要帶領超級業務，首先主管自己本身就要是一個超級業務，以所謂的「吸引力法則」，也就是以自身超級業務的特質吸引同樣特質的人，再來則是需要對自己有所要求，如果不先要求自己則難以服人。

有些領導者基於猜忌心理，害怕團隊成員「功高震主」，所以不敢增員實力比自己強的人。奧美集團創辦人奧格威說：「如果經常雇用比自己弱小的人，將來我們就會變成一家侏儒公司。如果每次都雇用比自己強大的人，日後我們必定成為一家巨人公司。」所以我們不要顧忌於招攬比自己還要有才幹的人。

我一直相信，想吸引老鷹加入團隊，自己就要是一隻老鷹，麻雀是吸引不到老鷹的，所以我不斷的自我學習、自我突破，也是希望能夠跟這樣成功的人一起合作，自然而然比較容易找到跟自己相近的人。相信自己夠優秀，所以可以讓優秀的人都聚到自己身邊。你想要什麼樣的目標，就朝它前進，它就會離你越來越近。不管是已經成功的人士，或是想要成功的人士，在這些人的身上都可以學到不少東西。

在這段過程當中，傑出的人很多，我處在他們當中，不僅不會感到相形失色，甚至希望這群人能夠進到我的團隊。我知道當來到我團隊的人越頂尖，我的團隊就有機會越強大，我的組織架構也能夠相對更穩定，我以開放的態度希望他們的到來。

成功關鍵：在和優秀的人共事的過程當中，從他們身上可以學到以下幾點。

1. 思想：優秀的人思考方式和一般人截然不同，光憑感覺無法理解這其中的差別。
2. 看問題的角度：優秀的人不只看問題角度比一般人多，而且思考也比一般人來得更加全面。
3. 方法：優秀的人能夠有所成就，運用的方法與常人必然不同。
4. 執行力：優秀的人做事講究品質、追求完美且精益求精。
5. 有效率利用時間：優秀的人對於時間格外珍惜。
6. 長遠規劃人生：優秀的人對於自己的職業和未來有長遠規劃。
7. 把握機會：優秀的人深信機會是留給準備好的人。

雖然能和高學歷或很會做事、做人的優秀人士共事，可以從他們身上學到很多東西，然而有些增員進來的新人學歷較高，會因為自己擁有高學歷或是能力非常強而產生驕傲的心態，剛開始因為還是菜鳥，面對主管可能還會有點敬畏而服從，但是一旦在業界有一番成績，甚至取得超過主管的成就之後，發現主管缺乏學習力就會不理睬主管的狀況發生，如此一來將會對團隊運作帶來很大的影響。

在帶領這些有著高學歷的同仁們，除了自己要做為表率拿出好表現，在領導氣勢上也要真正展現出來，所謂的氣勢並不是在外表上做做樣子，而是由內而外散發說到做到，標準始終如一的自信，同時在日常處事時，我也會教導他們學歷固然非常重要，因為能擁有高學歷代表自身具備一定的實力，但是人品還有做人處事更加重要。跟著上階梯的人才會真正往上，不然就是一路沉淪，所以拒絕跟負面的人為伍，否則近墨者黑，你很容易慢慢變得跟他們一樣。

3 建立永續經營，分配團隊能量

團隊是每個人一起成長與成功的所在。既然是團體，身為領導者不但要凝聚團隊的向心力，還要讓團隊穩定發展。如果團隊內部有狀況就要調解，有事就要想辦法解決，並且分析怎麼樣的安排對整體最好。

團隊的能量分配也是一個領導者需要加以注意的地方。如果其中一個成員身上散發出強烈的負能量，會干擾到其他帶有正能量的成員，甚至共振出其他成員身上的負能量，如此一來反而不利於整個團隊運作。面對這種狀況，除了自行調整團隊能量之外，還可以自己隔開或請人協助打斷會影響團隊的強烈負能量。

團隊的能量分配

我們招募和帶領的成員和我們理念相同與否，是決定我們能不能長期走下去的重要關鍵。一個團隊的整體能量分配很重要，在團隊裡的人一定會有帶有正能量的人，一定也會有具備負能量的人，只要負能量呈現較強的趨勢，勢必會干擾到正能量的人，而負能量之間又是會互相影響、共振且渲染的，如果稍一不注意就有可能讓整個團隊都充滿了負能量。

就好比種植苦瓜，苦瓜在收成前，必須先把嫩芽心摘除，長歪的小苦瓜也要摘除。若以團隊運作來說，苦瓜心、歪的苦瓜可以視為象徵團隊負能量，不OK的人就必須要留意或不能留著，不然有礙於團體發展。所以，我在單位隨時都會去觀察，如果發現有人負能量太強時，就會快速打斷這股負能量的發散，或讓其他人遠離這位負能量的同仁。

西蒙・斯涅克曾經說過：「如果你能鼓舞別人擁有更多的夢想、學習更多、行動更多及改變更多，你就是一位領導者。」所以身為一個領導者，更要懂得自己在團隊當中的責任，是身先士卒鼓舞並提升團隊士氣，而不是讓團隊沉溺在負面的情緒當中。

所以假如遇到看起來讓人感覺負面的事件，也就是有事情沒有做好，或者錯失某個很好的機會等，即使當下會讓人感到懊悔，我也不會一直糾結在事件上，因為事情已經發生了，如果不思考如何讓事件不再重演，而是在那裡繼續鑽牛角尖，只是讓自己更加消沉，產生更多負能量而已。

明白這一點之後，我會快速的將負面能量轉為正面能量，繼續做當前手邊該做的事，但我也會在事後用正面態度看待當時沒做好的事，找出原因讓自己不再犯同樣的錯誤，如此才能真正的讓自己做到《論語．雍也》描述顏回所能做到的境界「不貳過」。「以正面心態看待自己所做的每一件事」，我一直這樣告訴團隊裡的夥伴們，讓他們能時時刻刻關注自己的狀態。

「正」「負」之間的調整

不管是在團隊、公司以至於整個產業，每個從業人員彼此相互學習，並且在實踐過程不斷從中發現自己的問題並改進，有助於促使彼此不斷的成長。當大家都處在一種「共好」的狀態之下，必然能帶動整個團隊不斷前進。

然而，有些人內在缺乏自信，常常有著覺得自己不夠好，覺得其他人總是比自己表現傑出的自卑心，無形之中就容易和其他人比較甚至暗中較勁。比業績、比增員人數以至於比升遷速度等各種不同競爭時常上演，而這種出自於比較的競爭，會讓從業人員千方百計想要讓對方中箭落馬，如此一來很容易淪為彼此扯後腿的狀況，在早期的保險公司很容易看到這種為了拼業績互相比較而產生的負面能量，這種惡性競爭的局面也正是一般人對保險業產生誤解的原因之一。

為了遏止這種因為對自我定位不清晰，缺乏自信之下產生的惡性競爭，除了放下這種比較心和競爭心，還需要時時刻刻省思自己當初投入保險業的初衷，還有保險業存在的意義，如此一來才不會因為超業們的亮眼表現和傑出成就而一時之間迷失了，沉溺在各種比較與惡性競爭中，無形間產生負能量影響團隊運作。

因此，我能做的就是釐清所處在的環境氛圍，如果察覺到周遭能量正在吞噬士氣進而陷入低落，就要提高警戒。專心在自己的事務上，不讓自己受到這樣的氛圍影響，如果狀態低落的時候就調整自己借力找一些正向的人聊聊，是讓團隊維持正向運作的不二法門。

投資「領導力」創造不可能的任務

一項調查結果顯示，只有 15% 的人認為，他們的成功要歸功於技術方面的知識；卻有 40% 的人認為是「人際關係」，多達 45% 的人認為是「領導力」，促使他們成功。

因此，如何發揮「領導力」，培養和吸引大量符合自己需求的人才，和有效領導一群人工作，是關係到事業能否持續發展的關鍵所在。所以投資「領導力」，就是創造「績效力」的關鍵。那麼「領導力」究竟是什麼？

管理大師彼得．杜拉克認為好的領導人通常具有七個內涵。

1. 塑造願景，設定對的方向、目標與優先順序的能力；
2. 充分掌握產業環境、專業領域現況，作出策略思考的能力；
3. 有膽識，能挑戰舊習，並願意承擔風險；
4. 藉由授權和責任分擔，培養出新的接班人；
5. 具清晰表達、傾聽和說真話的溝通協調能力；

6.鼓舞人心，肯定同仁貢獻，讓工作夥伴樂於加入行列；

7.誠信正直，確保領導者帶領組織和工作夥伴走上正向的道路。

「領導力」靠不斷練習、培養而成，尤其需要領導人「以身作則」，我們每個人身上都具備著當成功領導人的四種素質，如果你用心培養，同樣也可以擁有一個優質領導的格局，高度和風範。

一、要建立堅定的信念。

二、具備邏輯思考的能力，和解決問題所需要的清晰思路。

三、要學會有因人而異的溝通技巧，做好「權變管理」。

四、要有淵博的專業知識。多學習，多開闊自己的眼界，多提高自己的「領導力」，才是上上之策。

從一般工作者到領導人，不論領導的是自己、團隊甚至龐大的跨國組織，只要能夠訂定明確的目標，凝聚喪失的信心和潰散的人心，迅速果斷地做決定，堅持地走下去，就是「領導力」；而這樣的能量將促使我們相信未來、堅持信念，即便前方的視線模糊不清，仍能穿越迷霧，找到正確的路。

第六章

以同理的心，掌握節奏發展組織

1 團體上下一心，創造學習氛圍

在職學習是現代各行各業的趨勢，提供員工扎實的訓練以及學習環境，讓他們打從進入職場就能擁有完善的成長環境，不斷厚植專業能力以及各種相關知識，甚至是終身學習的態度，而且主管也能充分掌握員工的學習狀況，了解員工是否適合從事保險業，對於公司來說也是一項好投資。

在學習之餘，新人必須要能夠透過在生活當中不斷的實踐與練習，將所學來的知識真實落實在生活當中，在實踐過程當中找尋問題所在，接下來再修正與檢討，當每個人都可以真正實在的學習以至於將所學實踐於生活當中，最後必定能得到最豐厚的成果。

打造有利新人的成長環境

對於保險業務而言，不只要面對形形色色的客戶，還要厚植自己對於保險整體金融財經的專業實力，並且累積自己的內在資本，讓自己在與客戶交談時有更多元的切入點。要達到這樣的目標，「學習」是絕對必要的。所以除了考取各種證照顯示自己的專業能力之外，還得不斷充實各領域的知識。

即使身為主管甚至是公司高層都需要不斷涉獵各種新知，更別說是新進保險業的從業人員，如果一開始的時候不先讓自己抱持「生也有涯，但知也無涯」的學習態度，讓自己像塊海綿一般不斷快速提升自己的專業能力，不僅無法在瞬息萬變的保險業站穩腳步，更遑論要成為這塊領域的超級業務。

近來不管哪個產業，有不少公司都願意鼓勵員工進修深造，無論是出資讓員工考取證照或上各種課程學習專業知識，甚至是讓員工回歸校園重拾書本皆然。對我們保險業業務，讓我們的夥伴從剛進來開始就能夠不斷充實自己，有助於培養出樂於學習的通才。如果能讓整個公司都培養好學的風氣，無論公司或員工就能不斷成長與進步。

為了讓新進員工能夠一開始就步上軌道，從教育訓練開始就培養新進員工學習風氣非常重要，所以我不只鼓勵我們的夥伴進修，還打造一個讓新進夥伴們學習的環境，讓他們從一開始就能在一個不一樣的起跑點上。

目前在坊間學習任何正式課程都需要收費，我們公司投資一年上億的預算成立一個完善的教育學習平台，讓新進人員不用付出任何的成本學習，就能夠有職務培訓的管道，他們可以在平台裡學習如何創業當老闆、面對客戶的銷售技巧和保險專業商品與知識，能充分掌握與應用這些資源，自然能夠坦然面對客戶的需求。

除了培育新人，在教育培訓期間同時也可以讓主管們觀察新人，究竟適不適合投入保險這個行業，新人在培訓課程結業通過後，就能報升聘簽勞動契約，報升完成的新人在一定期間內還可以領取財務補貼，以這樣的方式可以給予新人學習的動力，讓他們更樂於學習。

然而，公司固然擁有很多教育資源可以提供，但不能只有單方面一直輸入學習，而不給新人任何實地操盤演練的機會，如此一來，等到真正上陣面對客戶時，才發現平時的練習是不夠的。所以，除了利用公司的平台資源為新人們教育訓練，我們也會找機會讓他們可以實地演練。

另外，學習固然重要，我們也希望每個新進來的夥伴都能成為全方位的能人。然而，因為每個人的特質，還有學習成長環境和過程都不大一樣，所以我們要能建構一個因材施教的學習平台，讓不同能力的人有著不同的學習空間，不是用利己為主導，而是以幫助他人利他的思維來做學習導向。

進一步來說，因為每個人要學習的東西太多，如果什麼都學，結果可能都只學到半調子的功夫，如此一來便適得其反。所以做為團隊的領導者要能夠找出團隊內所有人的強項，藉由他們具備的強項能力來借力整合。而這也才是團隊存在的主要原因——合作互補而非單打獨鬥。

建立工作的專業思維

帶領團隊的時候，一直向隊員們強調著團隊需要不斷改變，這個改變要先從每個人的腦袋思維開始，當腦袋的思維改變之後就會改變態度，態度改變之後行為就會改變，行為改變之後就會產生不同的結果。所以，新人在進入團隊一開始就建立起正確的工作思維，可以讓工作以更快的速度進入狀況。

不僅培養專業能力，正確的工作思維還可以培育出積極熱情的態度。在單位巡迴演講分享時，我跟大家說，現在保險業務亟需要改變的態度是什麼？就是在做一件事情時要充滿積極熱情，人們會覺得性格是屬於天性，透過思維的改變，也能修正調整性格，當你做事情能夠產生積極熱情，那麼對於工作就能更上手，銷售的業績就會順利增長。

在實際操作方面，當增員的新人進入團隊，我將會運用公司開發的學習平台為新人做教育訓練，讓新人了解並且認同公司的商品。為了讓業務人員透過影響力建構客戶對商品的認同，先讓業務人員認同公司的商品是很重要的，如果業務人員沒有辦法完全認同公司商品，那麼也就沒有辦法全力將公司的商品銷售出去，如此一來他就沒辦法欣然跟客戶分享商品的優勢，更遑論發揮影響力。

公司教育訓練有一套SOP的學習流程，另外還有客戶開發等數十種的課程，也會派出單位裡不同險種強項的資深同仁去協助新人做教育訓練。當教育訓練結業，新人擁有扎實的專業基礎之後，接著就是要讓新人開始在市場上摸索，慢慢演練出自己的一套銷售模式。

公司的保險商品只是一個平台，不管客戶是要規劃退休金或是醫療險，商品只是一個解決客戶在發生不同狀況時的一個工具。重點在於業務對於產品的認同以及如何依照客戶需求，擬定出最適合客戶的產品。一個進入保險業的新人要達到這個目的的關鍵，就在於建構最扎實的專業思維。

很多銷售行為為什麼會做不好，是因為思維沒有改變，想成功就要先改變思維，思維如果永遠沒有改變，像是假借課程學費很貴的理由而拒絕學習等，如果有這樣的想法時，就已經先落後成功者一大步了，因為成功人士的特質就是行動力很快速，同時學習力很強，這也是為什麼他們永遠領先其他人一步的祕訣所在。

培植專業以外的知識

打從新進人員一進公司，除了公司提供的教育訓練，領導者也可以從中傳授他們保險規劃的相關知識。教育不是一定要坐下來面對面才能教，而是在職場生活中時時刻刻從各種機會當中獲得啟發。甚至可以說生活即是保險，所以能夠在不著痕跡的情況之下讓保險融入生活。

我曾經和一位其他單位的業務員吃飯，她的態度讓我非常欽佩。當時我們兩個聚在一起準備用餐，可是第三個朋友還沒過來，擺在桌上的菜過了半小時，她一動也沒有動。事後，我向她詢問當時為什麼不先吃飯？才知道他跟那個人只見過一次面，我又問道，等了半小時，難道妳不餓嗎？她說她快餓死了。我又問「那妳為什麼不先吃？」她明確的回答我「如果讓我找來的人到的時候，看到我們已經開始先吃，這樣很不禮貌」。雖然我們彼此分屬於不同單位，但她用實際行動展現出來尊重對方的態度讓我非常讚賞。

很多人固然非常會做事，但表現出來的「態度」卻不是那麼一回事。不管是學習也好，還是服務客戶也好，真正進到市場，人家不是看重你的學歷，而是看你的做人態度。學歷只能代表人成長的一部份而不能代表一個人的全部，當每個人都有相同的才能及亮眼學歷的時候，如果有什麼突出的表現可以值得讓人一提的話，那就是人品了。越是飽滿的稻穗越是低垂，內斂的人他的內在相對豐富，放下自我的矜持和傲慢，去跟成功人士討論或請教，越能夠習得人家成功的方式。

每一位成員都應該知道態度的重要性，尤其是新人。我對於新人有著很深的期許，希望他們在這個環境能夠學習做人處事的態度，專業度不夠固然可以再學習，待人處事態度卻要在家教中及早培養，但新人們更要能受教。

落實學習靠不斷練習

利用公司的學習平台的確可以學習到很多專業的知識資訊，但是業務人員不能一心只想單純的學習就好，這樣一來就只是流於一般的喊口號而已。在學習完成之後必須落實的去面對市場，將所學的技巧不斷的去演練熟悉，最終才能成功呈現所學的專業知識協助客戶。

要練習活用這些學來的知識，最好的方式就是使用在生活中會真實遇到的案例，讓新人可以實踐基於同理心而來的換位思考，然後開始練習規劃產品，進而可以開始分享公司旗下的產品，可以解決什麼樣的問題。

舉例來說，如果遇到車禍，要為客戶做到最好的規劃保障，目前手上有四種保險工具可以替他規劃，分別是意外險、骨折險、長照失能險和壽險。所以在實地規劃與操作方面，意外險實支基本上多數人都可以負擔，這個意外實支保費一年約一千多塊，第二個骨折險先求有在求好，例如保額約二十萬，若遇到骨折的狀況就大概可以理賠個三、五萬來應急，如果經濟狀況再好一點的就再規劃第三個長照失能險，甚至還可以進一步規劃到壽險。

要運用這些知識的重點在於執行力，我們必須專注在對的事情上，每天都要留給自己思考的時間，認真想想下一步要怎麼做，可以用什麼方式提升做事的效率。如果有心想提升效率，就必須思考策略。然後不單只是想，而是要真正執行落實去做，在不斷的練習當中找出問題，針對問題進行檢討和修正，一次比一次精進，然後一次也比一次更加熟練，而要做到這些，就必須要真正將所學付諸實踐的態度展現出來。

2 架構強大組織，借力才能省力

一個人的力量再大，都沒有一群人的力量強，若要達到省時省力之效，還要搭配「分工」。「大勝利靠團隊，小勝利靠個人。」想做大事的話就要聯合一群人發展並發揮「組織」的力量。

其實不只保險，很多產業也都是靠組織發展起來的，畢竟，一個人就算能力再強，也不可能完成所有的事情，每個人各司其職，也符合所謂「效益化」。

架構組織必須讓組織穩固，分配職務顯得重要。管理者與被管理者會被區分出來，英國管理學家L‧威爾德曾經說過一句話：「管理者的最基本能力——

有效溝通。」如何有效溝通，是主管的責任。而「管理」，亦是一門學問。在管理者與被管理者之間，能夠設身處地的替對方著想，讓雙方的觀念流通，才能夠敞開溝通的大門。

「三個眼睛」規劃自身工作內容

架構組織要在增員之前就先有嚴謹的規劃，而不是等人進來才想著怎麼架構，所以早在開始增員之前，就應該對自己的團隊是什麼樣子有了一些初步的想法。所以在我去拜訪客戶時，事實上，也在同時進行規劃。

我和客戶見面時會帶「三個眼睛」。第一個「眼睛」，也就是大部份業務會注意的，就是去拜訪客戶時，我有沒有機會跟客戶銷售保單？同時客戶有沒有機會跟我買保險！

第二個「眼睛」，就是我有沒有辦法去影響對方，讓他覺得我是值得被信任的？如果對方沒有立即的需求，我有沒有辦法創造客戶需求，並簽下保單？甚至有沒有辦法讓客戶幫我轉介紹？

第三個「眼睛」，就是對方將來有沒有機會成為我的工作夥伴，一起跟我做保險？

第一個眼睛和第二個眼睛，對我的收入有直接的關連，但第三個眼睛卻對我的發展組織有直接的影響。

發展組織是長期的事，要有深謀遠慮的態度，想法與規劃，趁早佈局，並且一步步執行。在發展組織的過程中，我的團隊成員有很多都是客戶的小孩，這雖然不是我一開始的佈局，但只要我服務的好，並傳遞正面的訊息，客戶也放心的將他們的小孩交給我，無形當中，也為我擴展組織形成了幫助。而在推動組織的過程中，我也看到了很多組織的核心問題，並視為警惕，別讓同樣的情況重複發生在自己的組織裡。

倚老賣老反失向心力

在組織當中，分為管理者和被管理者，管理者工作的時間較久，年資也比較深，當一個新人成為資深的員工，並且晉升到「主管」的位置，他就已經跟原來的自己不一樣了。如果一名主管的能力還跟以前一樣，表示這個人根本毫無長進，也沒辦法晉級，管理者通過不少歷練，才有現在的位置。

能力可以提升，但心態卻要注意，資深的員工有時候會被人詬病，就是因為仗著自己的資歷，覺得我懂得比你多所以你都要聽我的，心態就會開始偏差。也就是這些管理者已經忘掉前面辛苦的那一段，無法「將心比心」，並用現在的眼光，去要求一個完全都不懂的新人，在天秤上就已經失衡了，這一點讓後來增募的人很難有所謂的「向心力」。

如何讓增募的人留下來，並擁有高度的向心力？雙方都需要教育。希望新人進來，能夠要求他們服從組織，這是站在「上司」的思維，怎麼讓這些「下屬」產生黏著度？我認為還是要靠「同理心」。然而，我覺得所謂的組織文化可以有些改變，今天一個單位如果需要進行改革，必然是存在著沉痾宿疾，在擴展組織的時候，可以先想一下，為什麼組織那麼難架構起來？要帶動組織，不只要靠「腦」，也要靠「心」，不管是對客戶，還是帶新人，我還是抱持著自己的理念，以「利人」出發。

組織「效益化」獲致最佳結果

在擴展組織的時候，組織如果越大，需要做的事情越多，這時候，不能只有自己前進，要讓全部的人步伐一致齊步向進，這時候，就更要注意「效益化」。

我曾經遇過其他幹部，他們表示光是帶兩、三個新人就已經覺得疲憊，對於我底下的人越來越多，管理時間究竟如何分配很有興趣。這就牽扯到一個概念，你是要一件事跟二十個人解釋二十遍，還是將二十個人集中起來只說一次？

這就要注意到「效益」，所以我的人員雖然越來越多，但我反而覺得人越多越輕鬆，因為不用你個別去帶人，整個組織都會幫你帶領新人，推動他前進。最好的方式，就是讓他主動跟著組織的步驟一步一步走。而且人員越來越多的時候，其他的成員認為我在忙碌，遇到事情反而就會自己想辦法，相對的，他們也會越來越獨立，也會擁有思考和解決事情的能力。如此一來，我不用花很多的時間，卻可以得到同樣的效果。

我在尋找「分店」的時候，其實也在找我的左右手，我要做什麼事情只要交代他們，他們就能替我處理，所以這個左右手就很重要。「事必躬親」不符合做事效益，我常強調要效益化，就要「借力使力」，利用槓桿原理，發揮最好的效益。

快就是慢，慢就是快

架構組織時也會遇到一些問題，要讓它強大起來就要一步一步來穩紮穩打，所以我採取「慢就是快，快就是慢」的速度，繼續前進。我會定好目標，再執行策略，朝我要的方向前進，而這部份自然需要時間。現在我除了團隊事務，還能準備一些專題演講，因為我的團隊架構都已經採取分工的模式，就算今天我不在公司，團隊照樣能夠運作，如此一來，我再出去宣傳，才能夠吸引到更多的人員進來。

至於增員進來的人，我也會讓我的下屬去培育、去帶領，這麼一來，他們能夠領到公司的輔導獎金，培育人才出來，也是在成就他們，大家「共享」利益，就願意分工。當越多的人進來，一起同心協力，才能開創出更大的格局，這也是我的願景，透過組織分工開創新局面。

不能說時間還很久，就慢慢來或是躁進，而是做事要有自己的節奏，就像游泳，也不用一股作氣游到對岸，該換氣的時候就要換氣，不然效益不彰。哪個階段該做什麼事情，都要規劃好。

對於未來，我是有遠景的，也朝著它前進，我也希望大家都能成功，因為成功才有底氣，當你蓄積、培養能力之後，才能夠去挑戰舊有的思維，造就新的局面。

3

引導新人，提升自我與組織共榮

每個人初入職場，都是一張白紙，當進到陌生的環境，面對未知與挑戰，心裡多少有幾分忐忑與不安。如果這時候有人帶領，也不至於跌跌撞撞，還可以減少許多冤枉路。

如何引領新人前進的方向，就是主管的責任了。主管經歷的事情比新人多，看的視野也與新人不同，思考的層面也不太一樣，格局與思維也不一樣，如何讓新人能夠看到未來，是主管的工作。當新人與主管變的同樣強大時，才能開創更大的格局。

主動提供「利他」訊息

客戶需要引導，招募進來的新人也是，尤其是相信我們、跟著我們進入到業務的團隊，更要用心帶領他們往前。從「利人」的信念投射，一切都是將心比心。

新人進來職場，對一切都感到陌生，包括公司的制度與規則都不明白，我會主動提供這一部份的講解。像是他的薪水跟獎金怎麼獲得？想要晉升職階，又該怎麼做？就像我之前進來公司的時候，最想要了解的就是這一部份。只要對他們有益處，我就會主動提供訊息。

在傳統的觀念裡，主管不會主動告訴你這麼多事情，一種狀況是怕你去跟對方競爭，即便新人覺得「你應該告訴我」，另外一方則認為「時間到了你自然就知道」，在認知上產生矛盾。所以我主動提供這些資訊，就是希望他們能夠明白，公司的制度清楚且易懂，要不要達成、能不能站穩腳步甚至晉升職級一切看自己。

接下來，他們還可以嘗試發展組織，吸引更多優秀的人進入壽險業，就會有組織獎金的收入。甚至這個新人非常積極想要有更好的發展跟收入，我還會給他一些務實的方法和策略，盡量去引導、協助幫他倍增收入。

先不論對方能夠在這個行業做多久？或是能不能定著？甚至能不能變成超

業？只要有心我都會不吝於教導培育，更不怕他們青出於藍表現得比我亮眼，我希望他們可以朝主管，甚至往超級業務這一條路走。

做任何事認真都不見得有成果更何況不認真做，可想而知狀況會是如何！我看到很多人十分努力，也願意付出心血和努力埋頭苦幹，我形容那是「黑手型的業務」，只會傻傻的做，像這類型的業務更要懂得改變策略借力、分工，從學習中了解效益化，成功就指日可待了。

我所想的，就是希望大家都能夠在從事保險這一行當中有所收獲與長進。而領導者的工作是一直開會檢討，也不是碰面一開口就問業績，從新人報到的第一天，我就開始一步步引導他們理解團隊的運作方式，讓他們可以更有效率的跟上軌道。

為新人建立觀念

在我的團隊當中，每個新進來的人，我都會先問他一件事，就是他是怎麼來上班的？是騎摩托車還是開車？如果是騎摩托車，我就會直接問：「你有規劃骨折險嗎？沒有的話，自己要先規劃！」

這些人會覺得奇怪，錢都還沒賺到，怎麼就要我買保險？我都跟他們說明：「我不是為了這一點點業績，如果你上下班路上發生車禍事故怎麼辦？氧氣罩要先罩自己，你才能幫助別人，告知這個的重要性，是為你好。」

為了避免他們誤會這樣做的用意，我還會強調，如果他們真的沒錢規劃的話，這筆錢我先幫他們繳，不過，從來沒有一個人讓我真的繳過。我之所以要剛進來的新人投保，除了為他們著想，同時也在引導他們，一個想要從事保險行業的人，一定要先認同保險的意義，透過第一天進來就規劃骨折險，讓他們感受能夠更深刻。

我時刻都在「引導」，因為我知道，這對他們是有好處的，我曾經遇到過前一天陪同一個新人去跟客戶簽約，隔天他就傳LINE過來說他人在醫院住院，如果他早知道他會發生車禍造成骨折，一開始就要聽話，先替自已規劃，實務上還是碰到了。

如果你抱著利人的心，「引導」的目的是為了讓對方能夠有更開闊的眼界，獲得更好的生活，是以「利他」的角度為出發。我不只想辦法引導新人前進，也希望他與他的家人都能獲得更好的保障。

4 帶人如同帶心，視他人為己身

領導者不管身在哪個組織都需要統御能力，但是隨著時空背景以及組織成員性質不同，需要運用的方法也就不同，不能用同一招打天下。過去世代對於工作講求的以溫飽為優先，但新世代年輕人除了錢，他們追求的是夢想或快樂。所以面對年輕一代，需要做的不是去影響或是改變他們的想法，而是用心去理解他們的想法進行溝通。

除了了解年輕一輩的想法之外，做為團隊領導人更是不能以輩分或資歷去要求團隊年輕一輩乖乖聽話，而是要以身作則說到做到，成為他們的表率讓他們有所適從。另外，舉辦一些相對比較輕鬆的團體活動，鼓勵年輕一輩參與並且聽取他們的意見，也是理解他們想法最好的方式之一。團隊領導人不需要事事遷就年輕一輩，但是必須懂得包容與接納他們的創意和衝勁。

「新」「舊」之間的差距

手機每過三到五年，就有不同的功能和款式，人也一樣，光是十年至二十年的差距，就會讓觀念產生極大落差。所以人要懂得與時俱進而非墨守成規，如此一來才不會消失在時代的洪流當中。這個道理運用在帶領團隊也同樣適用，如果有意願帶人，要先理解現在的觀念跟過去不太一樣。過去的時代經常強調要認真努力，不管是什麼工作，只要正當且能夠溫飽就足夠了，職業的選擇性並不高。

新世代的年輕人圖的不只是溫飽，還講求圓滿夢想與目標，金錢已經不是唯一的要求，他們追求的是不一樣的東西。他們在選擇工作的時候，有了更多的選擇權，可以選擇有興趣的工作，有時甚至寧可放棄高薪，而去選擇從事低薪有創意的工作。所以帶人的時候，要懂得設身處地，從他們的角度去看他們。

舉例來說，有人寧願頂著高學歷放棄高薪去賣雞排，這是他們的選擇，他們也會為自己的選擇負責。世代的交替便是如此。所以要帶領這些年輕人，並且與他們溝通，身為主管的思維就要先改變，你跟他們談利益講金錢，他們可能不會心動，他們會先求自身的感受在這裡開不開心，所以要能先去了解他們想要的，去適度的調整協助他們。

雖然我會調整自己和團隊年輕人們的相處方式，但是我也會苦口婆心鼓勵年輕人要適時把握機會，人生就好比春夏秋冬，他們現在才25歲，不能感受秋天的來臨，更無法感受冬天的殘酷，而我現在已走到秋天的季節，是秋收接著就要進入冬藏退休的階段，在屬於人生夏季的時期就要掌握夏耘的好時節，如果不趁著人生的春季與夏季好好的努力，那麼就要一路辛苦的奮鬥到退休年歲以後。

帶人先從心帶起

對於時下年輕人來說，一個領導者是否能讓他們心悅誠服地融入團隊，除了領導統御能力之外，雙方之間必須要建立可以相互溝通的共同語言。因此，作為團隊的領導者，要做到這一點必須要先成為團隊的表率，需言行一致讓團隊有可以依據的規範。

增員帶領組織團隊的過程中，很多主管會跟新進成員談論一些未來趨勢，意在打造一個美好的願景，並且讓成員們產生向同一個目標前進的向心力。然而，如果自己無法達成目標兌現自己說的話，讓他們真正體會到那份願景，聽久了之後只會讓人家覺得在畫大餅。因此在帶團隊隊員做銷售時，我都會身先士卒先達成目標，以身作則激勵與引導他們。

知曉願景和掌握趨勢是一個組織運作的基本原則，但是做為主管，更重要的是先實踐公司規定和自己曾許諾過的目標。公司規定主管職階不同，業績責任額就會不一樣，每個月都會有責任額的目標設定，在每個工作月一開始我一定會先讓我的業績責任額達標。因為我認為擔任主管的人以身作則很重要的，如果經常食言而肥或是打高空，就難以獲得團隊其他人員的信任。舉例來說，我現在是推展處總監是屬於管理職階，一個月我個人的責任額是 6P，但我的團隊業績責任額要達到 200P，我必須先將本身的業績做好，才能再要求屬員時更有說服力。

除了成為團隊成員的表率，我也會舉辦像是爬山、知名觀光景點一日遊等活動凝聚向心力，有哪些地方是值得去參訪？或是活動可以怎麼進行？穿插什麼內容？我也會參考那些年輕夥伴的想法或是意見。

印象最深的是，有一次跟團隊，大家一起出外參訪，當聽著那些年輕人沿路喧鬧的聲音，在一旁的我，聽了也很開心，跟這些年輕人在一起，就覺得自己也變年輕了。金錢不是重點，我要的是讓大家處在大家庭般溫暖氛圍裡，有這種如同家人關心般的感受，相信他們不會願意離開這個團隊，因為他們知道我一直像個大家長般照顧著他們，隨時都會出現來幫助他們解決面臨的問題。

你可以選擇跟他們不一樣，但你需要融入他們，你不用勉強自己去配合他們，但是你可以抱持開放的心胸，傾聽並接納他們的觀念和想法。當你站在他們的角度，了解他們的成長歷程，自然而然就能樂觀看待他們對待工作的觀點。如果想要了解他們，並且和他們一起開創那份願景，就走進他們的世界。

或許很多習慣已經養成多年，一時之間要改變並不容易，但是站在對方的立場，再去思索如何帶動他們，這是我們可以改變的。畢竟，人生的閱歷與高度不同，要帶領他們的話，可以試著走到他們的身邊，讓他們看到你的世界，知道你在想些什麼，從理解進一步求取共識。

獎勵鼓舞提振團隊士氣

想要讓組員發揮所長推動業績，「獎勵」一直是最好的方式。除了公司的基本薪與獎金之外，平常我自己也會自掏腰包去鼓勵他們。我覺得「獎勵」是看的到、最直接、也是最實際的行為。我不會只是將團隊的夥伴們當成自己的下屬，而是將他們視為和我一樣的「經營者」。針對這些經營者所付出的努力也會給予回饋。

以我們團隊來說，成員如果達到每個月要求的業績，我就會發給他們獎金提振整個團隊的士氣。身為一個主管，不要吝於給他們你所能給予的，不管是獎金，還是一句鼓勵的話，這些「捨得」都會化為「獲得」。

為了鼓勵團隊士氣，我會用加發鼓勵獎金的方式，例如加做 1P 業績就給一百塊獎金，只要公司核實就發放獎金。我運用利益最大化的方式來進行，利益最大化的原則下，我就越敢要業績，也越願意與團隊的屬員分潤，他們在衝刺業績時就會更有動力、更有向心力。

除了發獎金，有時候我也會用招待吃美食的方式來鼓勵團隊成員們。舉例來說，若發現團隊有幾位業績未達標，我會在單位裡宣布若全員 100% 達標，我們就去吃帝王蟹。我不用緊迫盯人一個一個去追他們的業績，因為團隊夥伴會幫助盯著彼此是否有達標。有時我甚至還會半開玩笑的提醒著「能不能吃帝王蟹就看你了」那些尚未達標的團隊成員一方面受到獎勵所鼓舞，一方面為了不拖累團隊，因而更努力盡心的去達成業績目標。

不只是獎金或是美食上的鼓勵，帶動大家一起學習、一起前進，對我來說也是一種鼓勵他們的方式。因為我要創造團隊為一個學習型的團隊，當收到業界或是其他領域知名講師的付費課程資訊時，我經常會鼓勵大家一同去上課。團隊隊員的學費只要繳一定額度，其他的差額我會幫大家負擔，我運用著不同的鼓勵方式來凝聚大家的向心力。

我會運用類似於做生意開分店的概念來經營我的保險事業，讓團隊每個人都有機會賺到錢。公司有各種琳瑯滿目的專業商品，除了保險商品之外，還有像是境外基金或股票證券等理財工具，客戶只要在我們公司的金控平台開戶，就可以自行去操作買賣。我會將想開戶的客人轉介紹給我團隊的夥伴們，讓我團隊夥伴們協助客人開戶，我已經有領公司的管理績效獎金，我會樂意讓新人有更多的機會，也讓我們對客戶的服務可以更有效率，我如果沒有空，就可以請新人協助創造三贏。

從「家庭」到「社會」

關於增員的新人，除了教會他們關於保險的專業知識及銷售的技巧，我覺得還有更重要的觀念要教導。畢竟保險業本身需要和人高度接觸，所以作為一個保險從業人員，需要重視的不單是銷售技巧和專業知識，帶給人的第一印象也非常重要。如果無法在第一時間給人乍見之歡的好印象，後面要再改變不好的印象將會變得很難。

對於新人，我首先注重的是個人的品德與禮貌，這兩點是一個人能否在社會上立足的基礎，現在的社會高度依賴著強大的網絡系統，許多人足不出戶很少和人面對面接觸互動，所以在應對進退表現方面，比較不容易馬上適應真實社會的運作模式。有鑑於這種狀況，我會從基本應對跟言行舉止教起，對於外出拜訪客戶時的形象也會注重，所以會特別要求他們的服裝儀容。

當這些年輕人踏出家庭，進入職場，就已經進入社會，社會跟家庭是兩個完全不同的環境。離開家庭進入社會，不只是學習賺錢的技能，更要明白日常禮儀，還有為人處事的道理。每個人都要表裡如一，尊重自己與他人。以辦公室來說，無論是去拜訪客戶或是進公司開會，需要著正裝，在討論公事的時候，更是要態度嚴謹表示你對公事的重視。

你可以不用穿名牌或昂貴的衣物，但打扮要乾淨舒適，你在家裡穿T恤或藍白拖都無所謂，但到了正式場合，就要換上適合那個場合的服裝。而日常應對更要注意，客戶來訪時，除了招呼他坐下，還可以為他倒一杯水。細心一點的人，還會針對客戶當下的需求給予適當的照顧。

每個人領悟力與學習的速度也許有差別，但是待人處事的道理還有人品絕對不能有瑕疵。事情做錯或許可以重來一次，但是人格如果有所毀壞，即使做再多的彌補也無濟於事。

第七章

以感恩的心，在產業中快速創造文化

1

善用現況解析，提升品牌憧憬

每個產業都有時代趨勢，懂得如何在時代下生存，並謀求發展，是一個想要有所成就的人必須具備的能力。以前如果對一個人說，七零年代一個月能夠賺三到五萬，聽起來似乎很不錯，但這個數字如果十年、二十年都沒變，就要去思考更深層面的問題。究竟是公司的問題，還是自己無法提高自我價值？

如果是市場的關係，在通膨的作用下，薪水不進則退，對於自己的退休規劃也會蒙受巨大的損失。所以我們在選擇未來時，所思考的層次就要更多。

像業務這份工作來講，一個業務只要有「銷售」的能力，不管什麼樣的產品，都可以販售，只差專業性不同其銷售原理大致相同。如果認為自己沒有銷售的能力，一下子就堵住了自己所有發展的可能性，所能選擇的工作和產業也減少許多。但如果提早發現這一點，在選擇行業的時候，懂得利用不同層面思考，人生就有可能改變。

新舊產業的變遷

有一位客戶從事生產園藝專用剪刀的外銷工作，一年有七、八億的營業額。他們的公司採取一條龍生產鏈，從鋼鐵熔解、到裁切加工樣樣都自己來，製好的成品包裝外銷國外，營業收入看似非常高，但是賺到的錢必須再投入新的設備，一直處在循環狀態。他們公司每設計一個產品，就要開一個新的模具，生產的機械在貸款十年後要折舊報廢，更需要不斷更新添購新機台，投資的成本一直累加，生產出的商品壓住的資金可能是好幾億的金額。

前一陣子，貿易商要求延緩出貨，因為沒有出貨所以也要求延後付款，貨品囤在倉庫，仍然要付材料商款項，現金需求非常的大，還有一百多名員工要支付薪水。公司規模看起來很大，在中美貿易戰時，連週轉金都快拿不出來，還要去跟銀行週轉借調。他曾經語重心長的對我說：「如果人生可以重新選擇，我不會再走上這一條路。」

還有另外一個例子，是做汽車車床銑床的人，對方從國中開始就很認真，從半工半讀到大學畢業開了公司，做了一年就倒掉，機器貸款的部份還沒有辦法還錢，他感慨的說從小學習謀生的工具到最後發現是夕陽工業。再談到以前的紡織業，現在工廠都遷往大陸，現代甚至機器取代人力的工作越來越多，一台電腦就可以取代過去行政的庶務。

傳統產業就是如此，成本就是壓垮人的稻草，不管機台或是規模做得很大，都少不了折舊的問題，如果要市場競爭製造新的商品，沒有新模具或新機台那是辦不到的，所以增加投資成本勢在必行，成為一個無止境的循環。而臺灣的人力與東南亞的人力成本比較起來，廠商會選擇哪邊做為成本考量，也就可想而知了。

人如果要思索自己的價值，想要在新的時代找一個生存之道，並且有更多的產值與更高的效益，就要用不同的思維去看不同的產業。

選擇比認真更重要

現在是AI時代，很多東西機器可以處理，那人呢？人力又該歸於何處？這就是我們要去思考的方向。

我自己做過生意，我明白做生意必須面對的種種問題，如果你真的對你所選擇的工作很有興趣及熱忱，那就好好做。如果只是為了能夠謀生而工作，如果還有其他選擇的話，就要再仔細思考一下。像現在很流行的 UBER EAT 跟 Foodpanda 外送，這個行業不會是我首選，並不是說它不好，而是它有高風險存在。

外送這個行業每天在外面東奔西跑，不管是人包鐵還是鐵包人，一旦出了意外就是個傷害，或大或小而已，輕者擦傷骨折，重者不是殘疾就是死亡。對我來說，我覺得這個行業必須要有風險管理的概念，所以我強烈建議家人不去從事這份行業。當然認真做的話，可以增加收入，外送也是踏實的工作，但是如果出了意外，一輩子不能走路，認真獲取金錢卻賠上一輩子的健康，其實得不償失。

每個人都希望能進入具有前途的公司企業，然而，如果有一天，發現你所處的產業是夕陽產業該如何自處？這不能說你不認真，而是你沒有做出正確的選擇。所以除了「認真」，我們更應該花點時間，往「選擇」方面思考。時代不斷的在變化，我們人的腦袋就要去思考做更有價值的事情。

站上保險業舞台擴展視野

增員的時候，必須先跟對方說明保險業的市場趨勢，讓他們對這一行先產生初步了解，然後再讓他們好好思考，究竟是要在當今趨勢中找到立足之地？還是被時代潮流所吞沒？

一個年輕人如果想要創業，面臨資金不夠的話，可能會找他的父母奧援，而父母這些錢可能是花了一輩子掙來的老本，如果創業失敗的話不僅血本無歸，甚至還有可能連累到父母親。好不容易找到一份工作，十到二十年後，薪水的數字還是跟十年前一樣，豈不代表這些年來毫無進步？可是在保險業，一開始會很辛苦，但時間久了，人脈多了，組織也大了，還有獎金，如果再更有企圖心，出來當主管，認真一點，年薪輕鬆也有上百萬。

保險業是可以揮灑人生的舞台，可以盡情發揮，就看自己願不願意而已，所以我鼓勵在保險從業人員，不停的去充實自己，當你的視野越來越廣，你才知道你的能力比你想像的大。

2

連結人脈資源，建立專業信任

保險的觀念不停的在扭轉，這要歸功於堅持下去的保險從業人員，不管是銷售人員，還是客服人員，他們的服務與熱忱，已經讓「保險」這個觀念遍地開花，許多人也願意接受保險的觀念。

事實上，保險「利人」的出發點，從來沒有變過。早期的保險人員遇到很多問題，臺灣民眾對保險的認識不足，導致保險人員在推廣保險時會被拒絕，甚至還有偷偷買，不敢讓家人知道的狀況發生，這些都顯現了保險在早期的窘境。但是台灣人早期對保險的誤解並沒有阻礙保險的發展，相對於目前的高保障，早期買保險的人其實都賺到，因為之前的預定利率比現在好太多了。

人生不會重來，時間不可能回到過去，那也無妨，從現在開始，只要懂得規劃，仍然能為自己的人生規劃保障。自己想要什麼樣的人生，就靠自己決定。保險只是提供一個方式，剩下的，就看客戶買不買單了。透過不斷的教育，我們不斷教導客戶認識人生規劃，並與之延伸，檢視人生每個階段是否擁有足夠的保障。

有「人脈」成功像坐電梯

「人脈」在職場上有多重要？我們經常看到超級業務透過許多「人脈」關係成交，也有同時進入一家企業，有的人受到重用提拔得很快，而另一些人流血流汗幾十年都在做同樣的工作。也許並不是「專業」或「才能」上的差別，而是跟自己的人際關係有關。

在職場上，我們不可能做「獨行俠」，獨來獨往或獨善其身，所以，「人脈關係」往往是業務很重要的資本，學會運用「人脈關係」的技巧，可以讓你走入不同的世界。也就是說，有人脈關係成功就像坐電梯。尤其在這個網路時代，建立網路社群人脈的關係也是非常重要的。

「發展人脈」固然需要正確的態度與能力的累積，也是一種技術或能力，如何善用我們身邊的數位工具及人際資源，就要靠大家日常多用心了！

倘若目前人脈稀疏也沒關係，多結交一些與你不同領域的人，只要願意，現在你就可以快速建立屬於自己的優質「人脈網」。

一、建立管理人脈之前，先認真了解對方，其中也包含個人興趣。如此一來，當你需要幫忙時，比較容易找出適當的人選，這些新資訊來自於談話內容，並讓對方覺得你瞭解他的狀況。

二、初認識時，除做好「自我介紹」外，還要創造下次見面的機會，介紹自己的「好處」，讓他們有理由想跟你做朋友。

三、最容易獲得對方好感的快捷方式，莫過於來自他人直接而真誠的讚美。

四、不斷提高自己的「專業度」。一個真正有「本事」的人，不會把太多心思花在所謂「人脈圈」的交流上，最重要的是提高自己的「內涵」。

五、善用各種管道，打響你的「知名度」，增加自己的人脈能力；你也可以利用人脈的力量，累積大量的「知名度」。

六、真心付出，累積信任。所有「人脈關係」都是建立在「信任」的基礎上，都需要持續關懷，才不會冷掉；因為你會為別人提供價值，別人才會喜歡你、接近你、聯繫你。所以多考慮別人而不是自己，因此要真心「貢獻、付出、服務」。

「人脈」和「人際關係」的經營，並不限定於業務人員，更不必設定狹隘的商業目的，它是人人都必修的一門學問。只要學會「人脈經營」這門藝術，知道如何「借力使力」的技巧，就能輕鬆打開成功之門，人生得以飛躍，為自己的人生累積更多的幸福，財富和快樂。

東方和西方的保險觀差別

我之前接觸到百萬圓桌會議（MDRT），與其他國家的保險業務展開了交流，不只分享彼此的銷售技巧，還習得他們對於保險的思維和觀念。保險在西方是項專業的工作，他們對保險的真正訴求是保障，其他的價值是後來的延伸，這點和東方就有很大的差別。

而國外的保險業務員地位和台灣是不太一樣的，早期的保險業務員對這方面的體驗很深。從百萬圓桌會議（MDRT）去看保險業，可以看到保險的地位就有落差，「尊重專業」是台灣普羅大眾要學會的事情。

過去在臺灣，以前從事保險這個行業會被視為沒有選擇中的選擇，不如教師般高尚，在現實社會中地位是很差的。我剛進來的時候，原先帶我的主管就對我說，他希望我成為一名「壽險顧問」，而不是「拉保險」的。這兩者間雖然做一樣的事，但定位不同，聽起來差別就很大，前者聽了讓人肅然起敬，感覺值得尊崇，後者地位則不一樣。這是來自於長期的文化歧視，及對保險的不夠了解所產生的偏差價值觀。

就連我自己以前有人在背後說我是「拉保險的」，我會很不開心，因為我是認真學習、一直在成長的「壽險顧問」，我希望能夠透過保險平台保障你的人生，在你發生事情的時候能夠協助你的生活不會被改變，怎麼能將「拉保險」這個名詞用在我身上？

直到後來，對於別人這麼稱呼我，我也可以用輕鬆坦然的心態去面對。後來想想，我覺得被冠上「拉保險」這名詞也不錯，因為我是當你發生事故時，拉你一把的人，搶先在風險發生前，帶著他將人生做好風險規劃，在風險出現之前先做好預防。我必須在意外發生之前，在客戶的身上安裝好降落傘，甚至為他鋪好墊子，在他掉下來的時候，將傷害減低到最小，我覺得我是在跟風險賽跑，希望跑在風險發生前見到你，所以我是「跑保險、拉保險、我驕傲」。

這些觀念的轉變，也花了我一些時間，那麼，一般的普羅大眾，對於保險的觀念有點了解又不太了解，正因為如此，所以需要透過我們的專業幫助他們明白保險是什麼。抱著這樣的心面對客戶、找尋客戶，會讓他們卸下心防。

透過專業，讓人們對保險的認知整個導正過來，正是每個保險業務員努力在做的事情，不管過去保險被人家如何看待，我們不需要一個一個去說服，只要靠著我們的專業，就可以修正人家對我們的看法。

感恩心看待一切

台灣早期屬於農業時代，所以從種植稻子的過程當中，可以理解到我們必須「莫忘初衷，始終如一」，我們不能忘記我們的根本，看見那些在農忙期間的工人們汗如雨下並嫻熟地收割稻子，我發現到其實每個行業都有值得尊敬的地方，如果沒有這些人，我們就沒有充足的食物來源，沒有各行各業給予我們的幫助，我們就無法擁有安定的生活，所以凡事都要抱持感恩和飲水思源的心態。

過去我們常說很多人對保險業有誤解，但是作為這個圈子的從業人員，我們可以先從尊重各行各業做起，各行各業都有其辛苦和值得尊敬的地方，他們為我們帶來非常多的便利，所以我們要回饋各行各業在各方面帶給我們的好處。若說保險是個助人的工作，我們為這些來自各行各業的客戶們，透過保險尋求最佳的權益保障，不正是在回饋各行各業嗎？

沒有各行各業就沒有現在的我，所以我抱持著「協助客戶得其所欲」的心態回饋我各行各業的客戶們，並且對他們常懷一顆尊敬感恩的心，如果業界每個人都能抱持一顆飲水思源與感恩的心，這個社會就能夠變得更美好。

3

提高自身期許，創造文化特質

很多人以為自己的能力有限，所以要做到很多自己想做的事看起來似乎是不可能的，其實每個人能做到的事遠比想像的更多。當我們是真正為他人著想，如此一來就可以創造出各種可能，包括影響力。

過去，如果一個業務的服務做得好，在口耳相傳之下會有更多人願意接受那位業務服務，現在社群媒體更是將這份影響力加以擴大，所以專注在「利人利己、利社會」的信念，提供最到位的服務，自然而然就會有更多客戶願意上門，如果能夠運用社群媒體塑造正面形象，對於推廣自我品牌將更具加分之效。

除了塑造形象以及利用社群媒體之外，參與像是 MDRT 具指標意義的國際性年會，可說是為自己工作上加分，也是客戶對你的一種肯定，而且在經過這種與來自全球各路高手交流的盛會洗禮之後，不僅能增廣見聞，更可以提升自己的實力及不停歇的熱情。

正能量樹立影響力

曾經有一位同仁跟我說，之前業務大會時，他臨時上來我們這台遊覽車，自然沒有安排位子可坐，我看到這情況之後，請我們團隊的成員讓位。對我而言給予外單位同事方便，這只是一件小事，自然而然也是我會去做的事，當時我並沒有把這件事放在心上，但後來他在會場上講這件事，並說我是隨時隨地都發自內心的在幫人。

從這位同仁的分享當中，我才發現即使是一個自發性的事，不經意細微的舉動，也可以帶給人深刻的印象。只要平常不管做任何事都抱持著熱情與認真的心態去執行，一定會被看見，所以我們不需要帶著刻意要讓人關注到的心態做事。

前幾年，有位同仁對我說他本來沒有想當處長的想法，但是經過我的鼓勵並一步步引導，他逐漸改變想法，開始對自己產生企圖心，在抱持著企圖心做事，現在也有很好的成就。看到有人因為我的鼓勵而有所轉變，我發現其實我對人講話具有正面的影響力，並能夠促使人成長，於是我就產生一個想法，既然我能夠給人正面的能量，何不將這份影響力擴散出去幫助更多的人？

分享，是最大的力量

網路是個很好的分享平台，我偶爾也會把工作上的點點滴滴，發表在社交平台上，讓更多的人知道我平常的生活點滴？這也是一種另類影響力的傳播。不要吝於讓別人知道你平時在做什麼，告訴別人能提供的服務與價值，這樣可以幫助更多背後需要幫助的人。

我們所分享的事物，可以讓人認識我們。在我自己的社交平台上，我都會發表跟保險有關的訊息，自然而然，個人品牌形象就樹立起來了。

在社群媒體上發表自己的所見所聞，或是日常生活當中所發生的每一件事情，對自己都具有不同的意義，其他人在一字一語中知道你平時在忙些甚麼？

不要覺得這樣做好像沒人關注，其實很多人會在暗中觀察你，看你所做的事，你發表在網路上的隻字片語，任何訊息都會有人注視。

我自己就碰過好幾次，有些人在臉書上從來沒有對我發表的內容按過任何一個讚，但是實際上碰面的時候，他們都表示其實有在注意我的動態，我才知道他們都潛水，不管我做什麼他們都知道。這些人會觀望你幾個月，或是一兩年，不會顯露太多自己存在，這也無妨，我們只要好好做對的事就夠了。等到他們想找你時，會主動開口。善用免費的社交平台，為你的事業製造一個正面的形象，是我們可以做的事。正面形象需要長時間經營，而且要注意不能因為一時的情緒而毀於一旦。

除了利用社群媒體塑造形象，我也會在外面做一些行銷，口碑也好，曝光也好，而這個資源是大家可以共享的。就像 MDRT，它不只是個目標，當我們站上 MDRT 的時候，它也是一個很好的分享管道，借力使力，讓更多的人知道你在做什麼，都能為你的努力與成就加分。透過分享，開拓自我的事業，任何一點點微小的力量，都可以為這個社會盡到一點心力。

營造學習環境，刻劃成功基石

要讓保險這個產業更加進步，更有發展的前景，我覺得要靠「教育」，而我目前正在做的事，也占了一部份。教育新人、教育團隊，再教育市場，透過教育與學習，營造出一個不同的社會。

在保險業裡我發現一個現象，就是學習、練習、操作分為三個區塊，而且三者間區分得很明顯，但是，在我看來，這三件事其實不僅不必做得如此涇渭分明，而且刻意區分這三件事的結果，也有可能讓親身實地上陣的業務員感到心有餘而力不足。

我觀察到有同行把這三者結合起來，那個朋友研發了一份開發問卷，他要求每個業務員都要參與執行，如果業務員上午約訪客戶，就必須到街頭做5到10張的問卷，填完問卷之後，他會在隔天訓練教室中解析問卷內容，讓這些業務員去操作去約談、去打電話，如果對方防衛心很強，就寄張卡片或打一通問候的電話。對於一個沒有人脈的新人而言，可以利用這樣的方式獲得業績。

在這種學習即練習的操作之下，業務員可以很快獲得成長，如果有什麼不對的地方，就是修正再修正，久了，實力自然就起來了。

在保險這個行業，還有很多值得學習的東西，什麼都可以學，就是不能學放棄。如果能夠建構不同的教育過程，讓進來的人有一個不太一樣的空間，我希望他們進來之後，能夠充份發揮自己的力量，張開翅膀，然後在舞台上盡情的飛翔。

這是我的期許，也是希望能夠為保險的文化開創新的價值。

從台灣走上國際舞台

在我努力之下，2016我第一次取得MDRT資格，參加溫哥華年會，走出自己的城堡，才發現原來世界的舞台是那麼的大！

一開始進入保險業的時候，我抱持著一種「人家為什麼可以站上舞台拿麥克風？那我為什麼坐在台下？」的心態，希望自己能夠擁有可以和這一行前輩們並駕齊驅的實力，所以當時想要與人競爭也證明自己，認為MDRT不只高手雲集，也可以證明自己的實力，所以我下定決心一定要挑戰MDRT年會，讓自己可以走到國際去看看，2016年我終於能得償所願，這一趟溫哥華MDRT年會行帶給我的不只是震撼，也是發自內心的感動。

台上那群在保險業界擁有40幾年資歷的前輩們，他們有著豐厚的業績，也擁有一定程度的成就，但是他們並不因此言退，還想要再超越自己並影響他人，而且，在他們身上還是可以充分感受到那對保險業的衝勁和熱情，願意毫無保留的分享他們的經驗，看到這些前輩們的風範，讓我著實上了一課。

不只台上前輩們的風範讓我折服，當在會場看到我們青天白日滿地紅的國旗飄揚著，不禁感動到不由自主地掉下眼淚，這一刻，我終於理解到那些在國際級的運動會上，那些拿到冠軍的運動員一看到頒獎台上播自己國家的國歌，升起自己國家的國旗，就開始簌簌掉下眼淚，還有那種「過去的辛苦都值得了」的感觸。

在MDRT參加年會遇到這樣的感動當然要讓更多人知道，於是回國之後，我向同事分享當時參加MDRT年會的經歷，還鼓勵他們：「一輩子至少要去參加一次年會，親臨會場感受一下」，不僅和自己的同事分享，還全省巡迴擔任公司MDRT推廣大使，在分享的同時，更要讓自己拿出更好的表現，我才敢在台上拿麥克風，不然會連自己都感到心虛。

除了分享之外，我發現，參加年會並且與那些來自全球的超業一起互相切礎學習，不只可以感受到那種學習的氛圍，也能讓思維和技巧更加精進。

從台下聆聽者變身台上分享者

擔任MDRT推廣大使之後，我被MDRT台灣分會舉薦給總會，獲選成為2021MDRT的雙年會講師。受到新冠疫情影響，收到美國MDRT總會通知要準備相關資料與檔案時，一度認為自己接受參加MDRT年會的分享是一件自找麻煩的事；因為我得知受疫情影響MDRT年會的會議從實體改為線上分享，是用直接錄影，無法重新來過的，剛開始有點不知所措，當我和幾位互動比較好的同事請教該怎麼做之後，才改變想法勇於接受挑戰，而且也因為這次的經驗，比較知道如何應對線上的場合。

在疫情期間在線上分享各種專題，對我來說早已司空見慣，而且該怎麼應變心裡早就有底，所以我發現其實自己根本無須如此慌張。為了參加這次會議，我能做的就是將最近兩三百場演講中擷取精華，並且最短時間以精闢的語彙向所有保險菁英分享，面對鏡頭不斷練習再練習，同時關於講稿內容部份也是投注大量心思「擬稿」「修改」和「練習」，兩個月練下來居然瘦了六公斤。

在這段過程當中，我發現雖然花了不少時間在準備這件事情上，身體多少也會有些疲憊，但是內心其實感到非常興奮且踏實，因為站上國際舞台是對自己的一種肯定，而且我發表的內容分享，相信能夠幫到許多人，所以一想到這點，內心油然而生的成就感，早已超越身體帶來的疲憊感。

我希望未來有更多在保險業的夥伴和後輩能夠站上 MDRT 年會舞台，所以我期許自己可以影響更多人投入保險業，並且以挑戰 MDRT 年會為目標，期許更多保險從業人員可以站上保險業最高殿堂。所以我鼓勵更多的保險業菁英、夥伴們一同參與 MDRT 盛會，因為我知道，鼓勵別人等於鼓勵自己不斷成長、接受挑戰，好是大家一起變得更好，才是真正的好，最終受惠最大的就會是自己。

4

樂觀不是個性，是一種美德

下過象棋的人都知道，不到最後一步，誰都不知道結局是什麼。縱使看起來一路兵敗如山倒的局勢，到最後會不會漂亮的逆轉劣勢？讓小卒有機會變英雄？誰也不知道。兩軍對弈，有時候我們看很多人一路過關斬將，不斷吃掉對方手中的棋子，眼看瞬間吃掉對手大半江山，讓對手損兵折將，檯面上剩下的棋子寥寥無幾，儼然是個贏家，但象棋有趣的地方就在這裡，往往在最後的時候，被小卒反將一軍，出現逆轉勝的局面。

人生，其實和下象棋很像。在經營與發展自己的事業時，不斷地擴張與併吞別人的市場，看起來好像賺很多錢，成為最大的贏家，但是到了最後，卻通通都分了出去，自己沒有得到。那這樣到底是贏還是輸？所以，沒有到最後，輸贏難論。什麼事情都別說得太早太滿，不到最後，絕不放棄任何一兵一卒。

樂觀是替身邊的他人多想七分

眼前的棋盤有限，走法有限，兵卒也有限，感覺整個情勢都侷限在眼前的小小方格裡。但是，一旦棋局開始，雙方開始走步之後，卻可以在有限的盤局裡，創造出無限的可能。棋局教會我的事，依然是那一句，不以眼前的勝負論輸贏，沒有盡力走到最後，誰都不知道可以走到什麼地步。樂觀帶我看見了限制背後的無限，這也在我的事業經營上帶來很大的影響。

愛因斯坦是舉世聞名的偉大物理學家，他所提出的「相對論」在全世界只有寥寥無幾的人能夠看懂。由於大家都想要從愛因斯坦口中得到這偉大理論的「真傳」。所以愛因斯坦一時之間成了大學最熱門的演講者之一。所有的大學都以能夠邀請到愛因斯坦到校演講為榮，因此，盛名之下的愛因斯坦面對不計其數的邀約與講座，疲憊不堪。

行程緊湊的愛因斯坦當然不可能自己開車。他的專屬司機理查負責接送愛因斯坦到各地，當然也包括趕赴各個大學演講。每一次，到了會場，理查都不是躲起來休息，而是聚精會神地在台下從頭到尾聽完演講，同樣的演講內容，理查在台下至少聽了三十次以上。

有一天，理查對為了演講疲於奔命的愛因斯坦提出一個超乎常人想像的建議，他說：「這段期間進行這麼多的演講，您都沒有休息一下，實在是太辛苦了，講這麼多遍，也一定都講煩了吧！您的演講內容我都聽到可以背下來了，您下次演講的時候，就讓我穿著您的衣服來代替您演講，直到被發現為止，好嗎？」由於理查是位風趣的美國人，所以他的提議不僅沒有惹來愛因斯坦的不悅，愛因斯坦本人也表現出躍躍欲試的樣子。「真是個絕妙好主意啊！反正那裡認得我的人也不多。你就試試看吧！」同樣富於風趣的愛因斯坦答應了司機的要求。

在理查冒名頂替的那場演講中，穿著愛因斯坦衣服的理查對於相對論的解說可以說是一字不漏，從頭到尾沒有任何差錯，而且他同樣也能夠把愛因斯坦的表情和動作模仿的唯妙唯肖，所以如果不是跟愛因斯坦很熟的人根本分辨不出來。而愛因斯坦則是打扮成司機的模樣，不僅開車送理查來演講，而且坐在台下認真聽講、頻頻點頭。一切看似順利，眼見這場真假科學家的戲碼就要安全下檔了，不料，就在演講結束，理查準備下台時，一位看似教授模樣的先生突然間站了起來，連珠炮似的對假冒愛因斯坦的理查提出了許多艱澀的問題。

真的愛因斯坦靜坐在會場的角落中，雖然帶著若無其事的表情，但心中不免忐忑，心想要是被發現這可就難收場了。沒想到，由查理假扮的愛因斯坦卻輕鬆地對那位教授說：「好的，沒問題，您的這些問題在我看來都是非常簡單的，坦白說，連我的司機都能回答你。喂！理查，你上來替我對這位先生做些說明吧！」於是，真正的愛因斯坦這時才步上講台，並迅速地對問題作了說明！從頭到尾，都沒有人發現，他們合演了一場「真假科學家」的戲碼。

就像故事中的愛因斯坦跟理查一樣，真正的樂觀都是出自於良善的美德。他們兩人都是站在成全他人的立場上，所以才有了這個讓後人津津樂道的故事。理查為了讓愛因斯坦休息，所以他提出了交換的建議，他並不擔心自己被揭穿，因為他對內容的熟悉度及自己的應變能力有十分的信心，雖然他大可以不用惹這個麻煩，但是他的良善讓他對愛因斯坦提出建議。而愛因斯坦的名望何其大，應邀的單位及聽眾也不是一般的市井小民聚會，如果被揭穿了，真的很難交代，但是他接受到了理查的善意，也決定信任理查，在理查應變的當下，也非常配合地完善了整個的過程，讓彼此的善意都有了最好的結果。他們兩個人都是樂觀且善良的人。

樂觀的人會替別人多想七分，將自己的比重降低，但是卻可以在當中找到更好的平衡。樂觀開朗的人，通常也具有一定程度的幽默感。雖然一笑不一定可以泯恩仇，但是一定可以化解尷尬；一笑不一定可以解千愁，但一定可以化解眼前憂。這樣的信念，讓我一路走來不管面對什麼狀況，都能保有樂觀的態度。

樂觀是替未來的自己多看三分

我相信沒有人是天生樂觀的，也沒有人本來就悲觀，因為「觀念」是後天培植的，是經驗刻在腦海的印痕。但我知道多數生性善良的人，對於事情與作為的出發點大多是樂觀以待。所謂的「樂觀」，並不是不知天高地厚，或者是沒有危機意識，而是對事情的未來不做悲劇性的推論。就像我開始創業之後，一路走來，很多事情都印證了沒有走到最後，誰也不會知道結局會是如何。我喜歡從各種活動中觀察到背後的道理，坦白說，樂觀讓我多長了一點特別的「心眼」，能夠看得更深更廣一些。這樣的眼界，讓我能夠多看到未來「三分」遠。也讓我在人生路上可以比別人多得到三分豐厚的收穫。

第一項因樂觀而得到的是，樂觀讓我可以看到層層障礙帶給我的啟發，讓我面對困難時不至於心情低落。

第二項因樂觀而得到的是，樂觀讓我可以看到競爭對手帶來的禮物，讓我面對強敵環伺的時候更能從容自信。

第三項因樂觀而得到的是，樂觀讓我可以看到有限環境下的無限可能，讓我的生活更加豐厚，智慧更加開展。

樂觀帶我看見障礙的祝福

玩過跳棋的人都知道，必須要跳過對手卡在前面的棋子才能夠繼續往前。擺在面前的棋可能是助力，也可能是阻力，不管是哪一種，我們都必須要努力跳過去，當跳過去了，就可以到達更遠的地方。當然，我們也可以選擇不跳，看似輕鬆，但是，如果選擇對障礙視而不見，就代表著連一步都沒有辦法前進。下棋可以這樣選擇，頂多不玩而已，但人生卻不能說退場就退場，更沒有辦法留下殘局。

很多人都很討厭障礙，認為必須要跨越障礙是一件辛苦的事。但是人生有時候就像玩跳棋，我們必須要熱愛出現在面前的棋子，因為障礙的出現是一種祝福。樂觀讓我可以笑看障礙的出現，因為我知道，一旦我跳過去了，我就可以到達更遠的地方。我必須誠實地說，人生不怕障礙，就怕原地不動。人生路上，鮮少有能夠一步到位的偉大夢想。只要跳過，哪怕只是一步，都是成長。只要逐步跨越，不斷前進，都能達到夢想的彼岸。

如何「從失敗中吸取有益的教訓」是贏得成功最大的秘訣，成功者懂得利用失敗的教訓，為日後的成功打下厚實的基礎。甚至可以公平地說，「失敗」是真正成功人士的「推動力」，「失敗」會讓他們更加渴望成功和堅定不移。

人們所熟悉到的是成功者往往經歷了更多的失敗，只是他們從失敗中站起來，學到教訓，並繼續向前。

愛迪生經歷過 1000 次以上試驗失敗，才能發明電燈的，如果這些偉人沒有「從失敗中吸取教訓」的信念，我們又怎能享受到電燈帶來的方便？90% 的成功人士都經歷過無數次重大的挫折，但他們從不放棄，堅持東山再起，再造輝煌。

因此，當障礙還沒出現在眼前的時候，我們要能夠規劃出自己的一條道路，但是當障礙出現了，更應該要開心以待，因為只要能夠看到障礙背後要引導你走的那一條路徑，那麼跨過的障礙越多就代表可以走得越遠，一旦當面前不再有任何障礙需要跨越的時候，就代表目標就在眼前了。

樂觀帶我看見競爭的禮物

打過棒球的人都知道，要完成一場精彩的賽局，真正需要的不是最佳投手或者是強力捕手；全壘打的意義不是由全壘打王，或者是超強的打擊者奠定。比賽要精彩、過程要感人，我們不僅需要神隊友，我們更需要「對手」。是的，你沒有聽錯，我們需要對手。因為沒有兩個隊伍，棒球就沒有辦法比賽。沒有對手的球場是寂寞的，充其量只能稱為練習，而不是真正的戰場。人生不可能一直在場下練習，一定會上場比賽。比賽時有好「隊友」，是貴人相助；比賽時遇到可敬的「對手」，更是一種天賜的禮物。

很多人覺得在自己的領域裡面出現對手是一件非常不舒服的事情，最好是可以一人獨大，單一事業體獨大，不要比賽就全贏全拿。但是在現實生活中，這是不可能的，不管再小的領域，都不可能只有一個人或者一家公司獨霸。當競爭對手出現，就應該要給予最大的敬意，並且拿出競爭的誠意。競爭對手存在的意義，不是拚搏與鬥爭，而是有了他們，會驅使我們在盡力完賽的過程當中，迅速學習到分工合作的重要性，並且高度發揮潛能。

舉例來說，每個在場上的選手都有其重要性，看似不起眼的一壘手守備員，卻往往是全隊中最被委以大任的，因為打擊者揮棒打擊之後，通常球會傳向一壘，讓一壘手先對打擊者進行觸殺，如果觸殺不及，一壘手就會傳向其他壘包上的守備者。一壘手必須要能快速反應，才能將打擊者上壘的機率降到最低。當然，其他各個位置上的選手，也有其重要性，團隊講究的是合作，在攻防之間展現熱情、展現團隊默契，更在當中磨練經驗與成長。

如果競爭是良性的，那麼不管要迎戰多少的「對手」，每一場競爭都像是一場兩隊都盡力發揮的棒球比賽，非常精彩好看。實力相當的隊伍，可以激發出潛力。實力懸殊的隊伍，雖敗猶榮，也會在當中成長蛻變。競爭所帶來的禮物，就是讓團隊在比賽中知其所長，識其所短。並讓所有的人都能在擅長的位置上發揮潛能，做到最好。

為身邊一切成就獻上感恩

人生如空瓶，瓶子裡面裝什麼，就成為什麼，就如同自己充滿感恩，你的人生就會吸引值得感恩的事情發生！

當初，抱持著「永遠積極正向，凡事全力以赴。」的態度，挑戰自己的能力，所以首先感恩自己充滿勇氣願意踏出舒適圈。在轉換跑道的過程中，充滿了各種不確定性與挑戰，但是一切之所以能夠成就，其實來自於四面八方的幫助，而不是憑空得來，所以我時時刻刻都對身邊的一切充滿感恩。

我深深明白自己能夠從一個在花藝設計多年的花店老闆，搖身成為一個能夠站上MDRT的國際舞台分享經驗的保險專業人員，有非常多的助力在支持我。這一路走來，實在是有太多人需要感謝了，感謝一直支持我的客戶，以及公司對我的栽培，而且也感謝家人朋友，以及彼此學習成長的中勤團隊夥伴們。每一位出現在我生命中的貴人，有你們在人生道路上的相伴，才能突破我生命的關卡，也期許自己能夠分享事業上所累積的智慧，成就他人生命價值。

成功關鍵：當我們陷入困境時，千萬不要洩氣，也不要輕言放棄，你可以活用以下的方法保持你「積極的心態」。

1. 和消極的人保持距離：這些人會吸乾你的正能量，浪費你的時間。

2. 跟「完美主義」說再見。沒有最完美的時候，所以不要等待盡善盡美再行動，現在就行動！

3. 每天都盡量去做超越自己的事。如果你只是走在熟悉的老路上，不肯進步和突破限制，最後你就是停在原地。

企管銷售 50

用心、就能邁向巔峰

超業心思維，組織心出路

作者 / 林麗婷
封面設計 / 海洋莉莉婚紗美學攝影室 oceanlilyparty@gmail.com
發行人 / 彭寶彬
出版者 / 誌成文化有限公司
地址：116 台北市木新路三段 232 巷 45 弄 3 號 1 樓
電話：(02)2938-1078 傳真：(02)2937-8506
台北富邦銀行 – 木柵分行 012 帳號：321-102-111142
戶名：誌成文化有限公司
封面、內文排版 / 張峻楙 ajhome0612@gmail.com
總經銷 / 采舍國際有限公司 www.silkbook.com 新絲路網路書店
印刷 / 上鎰數位科技印刷有限公司
地址：新北市中和區中山路二段 366 巷 10 號 3F
電話：(02)8245-8786（代表號）
傳真：(02)8245-8718
出版日期 / 2021 年 9 月
ISBN 978-986-99302-6-0（平裝）
定　價 / 新台幣 300 元

國家圖書館出版品預行編目 (CIP) 資料

用心就能邁向巔峰：超業心思維，組織心出路 / 林麗婷著
臺北市：誌成文化有限公司，2021.09
224 面；14.8*21 公分 . --（企管銷售；50）
ISBN 978-986-99302-6-0(平裝)
1. 保險業管理 2. 保險行銷 3. 組織管理

563.7　　110014868